Reisen in die Traumzeit

Anne Stewart Saunders

Reisen
in die
Traumzeit

Eine Aboriginaleinweihung

A R A K I

Anne Stewart Saunders
Reisen in die Traumzeit
Untertitel:
Eine Aboriginaleinweihung

Titel der englischen Originalausgabe im Selbstverlag der
Autorin:
My geomythical Journey
Alice Springs 2001

© dieser Ausgabe by
ARAKI
Verlag Leipzig
in der
Gesellschaft für Integrale Ökologie und Sozialforschung
2009

Übersetzung
Jan Leichsenring
Lektorat
Anne Hünecke und Elisabeth Ott
gesetzt aus der
Acanthus
Einbandgestaltung und Layout
Christiane Nebel
Einband nach einem Gemälde von
Katherine Porter
Fotos
Anne Saunders

ISBN 978-3-936149-37-1

Für Christopher und Elisabeth

Danksagung

Mein Dank gilt den folgenden Personen, die wichtige Türen für mich öffneten:

Den Ältesten der Pitjantjatjara in Zentralaustralien, meinen Freunden aus dem Volk der Maori in Aotearoa, Arthur und Teresa Mahi auf Hawaii;

Hagit Ra'naan, Victor Barr, Victoria Nissan und Michael Lightweaver in Israel;

Christine und Ross Wallis in Ohakune für ihren Humor und ihr Verständnis;

Philip Simpfendorfer und allen in Glastonbell für die Unterstützung und Hingabe, mit der sie den Geist des Landes lebendig erhalten;

Simon Peter Fuller und Pat Hall-Ingrey, die mich ermutigten und inspirierten;

Ulli Hanson, Pippa Dickerson und Brian Steele für die wertvolle Unterstützung auf meinem Weg;

Dorothy Pollard für die Durchsicht des Textes.

Der Verlag dankt Steven Guth, Canberra, für den Kontakt mit Anne, seine Hilfe und Beratung.

Inhalt

Vorwort

Die letzten Worte, welche Anne Saunders in ihr Buch schrieb, lauten: „Ich bin keine professionelle Autorin. In diesen Geschichten aber liegen die Schlüssel zu uralten Erinnerungen der Leser verborgen."

Anne´s Reise beinhaltet eine große Zeitspanne und umfasst den Globus von Neuseeland und Australien über Indonesien und Israel, bis hin zu ihrer Herkunft, dem keltischen Schottland. Wenn wir ihr Buch lesen, nehmen wir an ihrer Geschichte teil, wir verbinden die geomantischen Energien unserer Umgebung mit den genetischen Erinnerungen, die tief in jedem von uns liegen. So viel zum Ende des Buches.

Die Suche beginnt als Anne's Totemtier, ein Adler, ihr eine Nachricht überbringt. „Du bist aufgerufen, die Schranken zwischen den Aborigines und den keltischen Völkern auf tiefster Ebene zu durchbrechen... beginne aber bei den Maori, denn mit ihnen ist es leichter."

Woher kommt diese Botschaft? Wir erfahren es nicht wirklich. Es ist dem Leser überlassen, in sich selbst nach Antworten auf diese Frage zu suchen. Und warum sollten sich die Barrieren, die Hindernisse zwischen den Aborigines, Maoris und Kelten aufgelöst haben? Wieder ist es dem Leser überlassen, die Antwort für sich selbst herauszufinden. Vielleicht ist das ein Hinweis: Wer waren und wer sind die „keltische Rasse", die Anne scheinbar mit sich selbst identifiziert?

Die Kelten sind eine Volksgruppe mit einer einzigartigen Kultur und einem religiösem System, das westwärts durch Europa, bis Irland, Wales und Schottland, verbreitet war. Cäsar besiegte die Kelten und ersetzte ihre spirituelle und religiöse Druiden-Führung durch den stabileren Materialismus des kaiserlichen Rom.

In der modernen schrumpfenden Welt ist es nicht überraschend, dass Anne´s keltische Vorfahren von Natur aus in näheren zwischenmenschlichen Kontakt mit den Maoris und Aborigines treten sollen. Anne erzählt uns die Geschichten von diesen Begegnungen. Die Schwierigkeiten waren massiv. Spirituelle Wesen könnten durch ein Adler Totem gesprochen haben. Sie müssen sogar durch Menschen arbeiten. Glückliche Zufälle versorgten Anne mit dem Geld, das sie für ihre Reisen benötigte, aber die Probleme, die Entscheidungen, der Stress blieben ... Was soll sie tun mit dem kräftigen Maori, der in ihrem Zelt schlafen will? Wie bewältigt man tollkühne Strecken durch die australische Wüste? Wie verkraftet man spirituelle Kräfte, die Körper und Persönlichkeit überwältigen?

Anne riskiert viel. Sie akzeptiert die geistigen Aufträge so leicht und selbstverständlich, als wären es Ereignisse im Laden um die Ecke. Sie schreibt in einem klaren, einfachen Stil. Sie erläutert ihre Erlebnisse so, dass wir regelrecht spüren, wie Barrieren weggerissen werden. Das Lesen von Anne´s Buch hilft die Wunden unserer eigenen Ahnenvergangenheit zu finden.

Einleitung

Wenn ich davon erzähle, wie ich durch das Land wandere und mit den Kräften der Erde arbeite, fragt man mich häufig, was es bedeut, einen Ort zu aktivieren, zu reaktivieren oder seine Frequenz zu ändern. Meinem Verständnis nach ähnelt der Körper der Erde dem menschlichen. Das Physische ist durch Energieströme verbunden, die sich an bestimmten Orten einer Landschaft wie in Akupunkturpunkten auf einem Körper treffen. Solche Orte nennt man Wirbel, heilige Plätze oder Kraftzentren.

Wie der Mensch, so hat auch die Erde ein lebendiges Bewusstsein, das sich zurückziehen und schlafend verharren kann, wenn es ignoriert, vernachlässigt oder missbraucht wird. Erscheint jedoch jemand, der das richtige anerkennende Wort sagt oder den richtigen Ton trifft, dann reagieren sowohl der Mensch als auch die Erde darauf, sodass die Lebenskraft wieder fließt. Die Alten verbargen manche Kraftorte, um den Missbrauch ihrer Energien zu verhindern, als sie im Zuge der Kolonisierung Unheil heraufziehen sahen.

In Neuseeland intuierte ich eines Tages einen Gesang in der alten Sprache der Maori. Er hob den Schleier, das tapu, eines solchen Ortes und öffnete ihn wieder „dem Antlitz Gottes". Manchmal werden mir Klänge und Handlungen eingegeben, um die Frequenzen eines Ortes zu ändern. Wie die Welt und das menschliche Bewusstsein, so entwickelt und ändert sich auch die Schwingung des Planeten fortwährend. Deshalb fühlen sich manche Menschen zu bestimmten Orten hingeführt, um die Frequenzen für eine neue Welt zu ändern. Der menschliche Körper dient dabei als Kanal, welcher die Energien des „Himmels" und der „Erde" vereinigt.

„Aus der Welt des Geistes
kamen sie alle, um zu tanzen.
Sie tanzten im Wind für ewiges Leben,
sie tanzten das Träumen lebendig."

Aus „Mimi-Tänzer"

Lorraine Mafi-Williams stammte von den Thungatti/Bandja-lang und schrieb über die „Sieben Schwestern", wie die Plejaden auch genannt werden, die mit uns das Träumen schufen.

Bei ihrem Begräbnis vor einigen Jahren spürte ich, dass sie ihr eigenes Epitaph geschrieben hatte. Die Worte drückten ihre persönliche Reise orakelhaft aus.

Das Träumen ist wirklich. Es ist die schöpferische, regenerative Kraft, die den Planeten mit dem allumfassenden Bewusstsein verbindet. Sie ist voller Tanz und Bewegung und bringt neues Leben und Überfluss. Das Träumen offenbart sich deutlich an heiligen Orten, die in der vermittelnden Anwesenheit von Menschen eine Resonanz entwickeln.

Zehntausende Jahre lang folgten die Aborigines dem Gesetz, das ihnen von den Ahnen gegeben wurde und wandten sich zu bestimmten Zeiten mit Zeremonien, Tanz und Gesang diesen Orten zu. Vor zehn Jahren kam ich mit dieser Welt in Berührung. Damals verschmolz ich mit meinem „Totem", dem Reisegefährten der Ahnen, dem Adler.

Es kam der Tag, da ich mich gedrängt sah, den höchsten Ausdruck der Reise meiner Seele auf Erden zu leben. Als der Entschluss fest stand, übermittelte mir ein Adler telepathische Nachricht aus den Sternenreichen und lenkte von da an mein Leben in eine Reise durch die Welten der Aborigines, der Maori und der Kelten.

Wenn wir reisen, sind wir uns unserer Totemgefährten nicht notwendigerweise bewusst. Der Hund, die Schlange, die Eule, die Eidechse und die Spinne hatten alle großen Einfluss auf meine Reise. Sie verbanden mich mit der natürlichen Welt und dem natürlichen Geist. Von vieren dieser Tiere – der Spinne, der Schlange, dem Hund und der Eidechse – wurde ich gebissen. Scheinbar ist diese Art des Kontaktes charakteristisch für jene, welche die traditionellen Initiationen der alten Kulturen nicht durchlaufen haben. Diese Wesen tauchen auf, um uns vor Gefahren zu warnen, zu schützen und uns in schwierigen Zeiten beizustehen. Wenn wir uns ihrer wichtigen Rolle bewusst werden, verbinden uns diese Totemtiere mit den unsichtbaren Welten und agieren als Mittler der universalen Weisheit. Sie erinnern daran, warum wir dieses Leben erfahren, und erweitern unser Blickfeld.

Ich berichte in diesem Buch von Reisen, angefangen mit einer telepathischen Botschaft meines Adlertotems, die mein Leben wesentlich veränderte. Sie vereinigte mich mit den Orten einer fernen Zeit und den spirituellen Familienbanden in mehreren Ländern ebenso wie mit meiner Familie in den Sternen. Ich gebe diese Geschichten so wieder, wie ich mich an sie erinnere. Es ging mir nicht um „Wahrheit" oder technische und wissenschaftliche Tatsachen. Denn das hätte die Erfahrung als Ganzes beschränkt, wohingegen die totemistische und geomythische Reise vielgestaltig und multidimensional ist.

In dem Maße, in dem unser Bewusstsein umfassender wird und wir die Schranken unseres eng umgrenzten und vorgeformten Verstandes durchbrechen, wächst sowohl unter Australiern als auch unter Besuchern des Landes die Achtung gegenüber den Aborigines und ihrer außerordentlich reichen Verbindung zum Land und der natürlichen Umwelt. Diese Verbindung beschränkt sich bei weitem nicht auf landschaftliche Reize, Pflanzenkunde oder die Herausforderungen der physischen Umwelt. Dort, wo ihre Zeremonien und Zuwendungen ungehindert von äußeren Einflüssen fortgeführt werden konnten, pulsiert das Land vor Leben, welches der Natur und den Menschen Kraft spendet und jene bereichert, die an diese allerheiligsten Orte eingeladen werden.

Die gleiche Achtung wird inzwischen den Maori Neuseelands und den Ureinwohnern eines jeden Landes zuteil, dessen Geist unterdrückt wurde, aber nicht verloren ging. Alles uralte Wissen ist dem Land eingeschrieben und liegt darin verschlüsselt, vor allem an heiligen Plätzen, wo es schläft und bereit ist, sein Wesen zu entfalten, wenn der Mensch Verbindung mit ihm aufnimmt. Ahnengeister warten in der Stille.

Das gleich einer Spiralbewegung sich entfaltende Geflecht meiner Geschichten führt an einen bedeutenden australischen Kraftplatz, den ich hier „Jatara" nennen werde. Vielleicht begegnen wir uns dort eines Tages.

Keilschwanzadler

14

I
Die initiatorische Verschmelzung mit meinem Totem

Als kleines Kind spielte ich einmal barfuß in den felsigen Hügeln Schottlands. Plötzlich stand ich wie angewurzelt da, starr vor Schrecken, und schrie nach meinen Eltern. Ich hatte auf einen majestätischen und furchteinflößenden Bergadler getreten, der in einer Felsspalte feststeckte. Während ich eilends meinen Fuß von seinem warmen Körper nahm, tat der Adler mit schweren Lidern seinen letzten Atemzug, und sein Geist verließ ihn. Zu dem Trauma kam noch der Glaube des Kindes hinzu, ihn getötet zu haben. Ich erinnere mich lebhaft wie ich noch kurz in die Augen des Vogels sah.

Jahre später enthüllte mir dieser Geist, damals in mein Energiefeld übergegangen zu sein und sich meinem Ätherkörper eingefügt zu haben, um sich als mein Totem zu zeigen, als ein Teil meiner selbst. Einige Jahre darauf geschah mir etwas Ähnliches mit einer Schlange, die mich in den Hügeln von New South Wales in Australien biss. Die Schlange ist eine Art polare Ergänzung zum Adler, sowohl in spiritueller wie in physischer Hinsicht.

Vor einigen Jahren traf ich etwa zur Zeit der Wintersonnenwende eine Frau, die gerade in das entlegene hügelige Hinterland von New South Wales gezogen war, wo ich schon lange Zeit lebte. Sie lud mich auf das Grundstück ein, um das sie sich kümmerte, da sie und einige geomantisch arbeitende Freunde einen kräftigen Wirbel weitab jeder menschlichen Behausung entdeckt hatten, an dem sich mehrere Energielinien kreuzten. Es war ein zwischen ebenmäßigen Hügeln gelegener, von einem Wildbach gesäumter Platz. Ich legte mich auf die Erde und wurde bald eines langsamen rhythmischen Trommelns gewahr, wie man es von den amerikanischen Ureinwohnern kennt, und das den Herzschlag stimuliert.

Erst hielt ich es für den Puls der Erde, den ich unter meinem entspannten Körper schlagen spürte. Dann „sah" ich vor meinem geistigen Auge zu meiner Rechten Männer in Kostümen und Federn, die tanzten und auf die Erde stampften. Sie umkreisten mich, hoben mich hoch und platzierten ein Gestell unter mir, das zum Aufspannen von Leder dient.

Und ich „hörte" die Worte: „Dies ist eine Initiation. Sieh in das Auge des Adlers." Da erblickte ich einen großen, herrlichen Adler von hellgrauem Gefieder mit schwarzen Tupfen, der auf meinem Bauch stand. Der Blickkontakt geleitete mich in seinen Kopf, der eine weitausgedehnte, unmittelbar mit der schöpferischen Urquelle verbundene Stille in sich zu enthalten schien. Diese räumliche Leere begann, Pfeile goldenen Lichtes auszusenden, welche in die Sonne und in eine Sonne jenseits der Sonne im Unendlichen eingingen.

Als ich dieses Erlebnis später meiner Freundin mitteilte, sagte sie mir, das bestätige ihr etwas. Denn sie wurde einige Tage zuvor bei einer Meditation gebeten, mit Bleistift und Papier zu jenem Punkt zu gehen. Dort sollte sie Symbole zeichnen, die eine Verbindung mit anderen Welten herstellen sollten.

Obwohl sie sich nicht für eine Künstlerin hielt, zeigte die erste Zeichnung, welche sie empfangen hatte, das hervorragend ausgeführte Auge eines Adlers. Der dazugehörige Text gab ein Datum an, nämlich genau jene Zeit, die ausgemacht wurde, um ihr Land zu besuchen. Ich hatte einen Bund mit meinem Totem geschlossen. Wir waren eins geworden und mein Verständnis der Welt, in der ich lebte, änderte sich drastisch. Ich begann, meine Wanderungen durch das Land bewusst zu erleben.

2
Die erste Verständigung mit einem Adlerboten

In der waldigen Region im Inneren von New South Wales, in der ich fast zwanzig Jahre lebte, sind Keilschwanzadler, die hoch über dem Plateau und der Weite des uralten Waldes, einem heutigen Nationalpark, schweben, kein seltener Anblick. Wir wohnten am Rande einer Böschung, die steil in die Wildnis hinabfiel. In alle Richtungen erstreckte sich dichtes Laubwerk, soweit das Auge reichte. Das Land war oft nebelverhüllt. An klaren Tagen aber sah man in der Ferne den Pazifischen Ozean gleich einem blauen Band am Horizont.

Adler begannen, Kontakt mit mir aufzunehmen - sie kreisten direkt über mir und indem sie tiefer und tiefer flogen, sandten sie eine stark schwingende Botschaft, die schließlich klare telepathische Worte einer leidenschaftlichen Kommunikation bildete.

Das traf jedoch nicht auf alle Adler zu. Manchen gefiel es wohl einfach, in den Aufwinden zu fliegen, oder sie suchten das Land nach Beute ab, wie Raubtiere das eben tun.

Die Geisterboten nehmen bedachtsam auf charakteristische und unmissverständliche Weise Kontakt mit einem auf, indem sie etwa dicht über einem in engen Kreisen schweben oder sich ungewöhnlich verhalten.

Die erste bewegende Botschaft empfing ich von einem mächtigen Adler. Sein Gefieder war schwarz, braun und weiß. Ich fühlte, dass diese Dreifarbigkeit bedeutungsvoll war. Er übermittelte mir in telepathischen Worten: „Du bist aufgerufen, die Schranken zwischen den Aborigines und den keltischen Völkern auf tiefster Ebene zu durchbrechen... beginne aber bei den Maori, denn mit ihnen ist es leichter!"

Man sagte mir, dies sei von noch niemandem erbeten worden, und ich sollte sehr sorgsam vorgehen, weil mich ein falscher Schritt das Leben kosten könne.

Die Energie dieses Kontaktes war von enormer Stärke, aber ich war nicht in der Lage, die Botschaft zu deuten. Trotz meiner nur dürftigen Kenntnisse der Geschichte der letzten zweihundert Jahre konnte ich mir vorstellen, dass große Barrieren zwischen den Völkern errichtet wurden. Allerdings hatte ich keine direkte Erfahrung, abgesehen von Seelenreisen weit jenseits der letzten zweihundert Jahre zum Anbeginn der Zeit - zur Traumzeit der Ahnen.

Weder war ich jemals in Neuseeland gewesen, um ein Mitglied der Maori zu treffen, noch war mir in meinen zwanzig Jahren in Australien ein Aborigine begegnet, außer im Geiste. Dazu gab es auch nur wenige Gelegenheiten, denn die Aborigines der Gegend, in der ich wohnte, wurden bei den Völkermorden im Zuge der Kolonisierung fast vollständig ausgelöscht, und ihre Nachfahren hatten erst in den letzten Jahren begonnen, langsam zurückzukehren.

Meine Begegnungen mit den Adlern waren nicht auf bestimmte Zeiten beschränkt. Einmal kreiste nahe bei meinem Haus ein Keilschwanzadler wild über mir und flog dann hinauf zu einem mit uralten antarktischen Buchen bewachsenen Höhenzug. Der Adler drehte einige Runden über den Bäumen und kehrte dann zurück, um so lange über mir zu kreisen, bis ich Notiz von ihm nahm. Schließlich machte ich mich an diesem ungewöhnlich heißen Tag widerwillig über den steilen Pfad auf den Weg zu jenem Wäldchen.

Obwohl ich den Adler durch die Bäume hindurch nicht sehen konnte, war es leicht, ihm zu folgen. Denn die Energie, die von ihm zu mir herabströmte, zog mich wie ein Magnet mit sich. Als ich stehen blieb, bemerkte ich, dass ich mich in einer runden Baumformation befand, in der, halb unter Laub verborgen, ein Kreis kleiner Felsbrocken lag. Außer diesen sah ich keine weiteren Steine in meiner Nähe. Ich wurde unter dem Einfluss der verbindenden Schwingungen des Adlers ganz ruhig.

Als ich mich zwischen den Steinen auf die Erde legte und meine Augen schloss, spürte ich die Präsenz eines alten Aboriginepaares und ich hatte ihre Gesichter vor Augen. Freundlich sagten sie mir, es sei an der Zeit, die wahre Geschichte ihres Volkes zu berichten und zu würdigen, damit eine Heilung des Vergangenen einsetzen könne. Sie baten mich, zu der nahegelegenen ebenen Steinfläche am Rand der Böschung hinüberzugehen.

Dort angelangt, überwältigten mich Wellen von Traurigkeit. Die beiden alten Leute erzählten mir, sie und ihre Familien seien an dieser Stelle wie Vieh zusammengetrieben und unter Rufen und Stößen mit Gewehrkolben an den Rand des Abgrundes gedrängt worden, um in den Tod zu stürzen. Männer, Frauen, Kinder, selbst Babys gingen ihren letzten Weg in völligem Schweigen. Eine stille Übereinkunft, fuhren sie fort, war getroffen worden, dem Land die geistige Botschaft anzuvertrauen, „dass Gewalt sinnlos sei". Auf diese Weise erfuhr ich unerwartet die tragische Geschichte dieses Gebietes.

Kurz darauf traf ich bei einem Freund mit mehreren Familien und Ältesten der Aborigines zusammen. Wie viele andere meines Kulturkreises empfand auch ich damals einige der jüngeren Mitglieder als aggressiv und zornig, ohne dass ich recht verstanden hätte, warum. Sie sagten, sie seien bereit, die Wahrheit ans Licht zu bringen. Als ich meine Erzählung beendet hatte, nahm mich mein Freund zu einem anderen heiligen Ort namens „Darkie's Point" auf diesem Höhenzug mit. Wir hingegen gaben ihm den Namen „Dark and Light Point". Ein Geologe der dortigen Universität verhandelte mit den Ältesten darum, ihre Geschichte aufzuschreiben. Sowohl ihm als auch den Ältesten war viel daran gelegen, den Ort aufzufinden, an dem sich die sterblichen Überreste der Getöteten befanden. Die Ältesten bestärkten mich darin, dass es an der Zeit sei, der Wahrheit zu ihrem Recht zu verhelfen.

Auf unserem Weg durch das entlegene Buschland sprachen wir über die Notwendigkeit, einander zu vergeben und weiterleben zu können. Plötzlich fühlte ich intensiv die Vergangenheit und spürte, wie man sich atemlos gehetzt im Dickicht versteckte, um den Kugeln zu entgehen. Ich setzte mich schweigend an den Rand des Abgrundes hoch über dem Wald. Da stieß plötzlich ein Adler herab und flog so dicht über uns weg, dass mein Freund hinter mir aufschrie.

Als das Tier knapp über meinem Kopf kreiste, spürte ich die vertraute telepathische Schwingung. Sie vermittelte mir das Bild einer wirbelnden roten, flüssigen Masse, neben der eine ebensolche in schwarz erschien. Dabei empfing ich die Worte: „Das Rote ist unser Blut, das Schwarze das Land. Das Schwarze ist unsere Haut, das Rote das Land. Wir sind eins. Wie können wir vergessen?" Das Gefühl war überwältigend und ich verstand.

Einige Zeit später entspannte ich mich an einem Winterabend vor einem prasselnden Holzfeuer und war in den Anblick der knisternden Funken vertieft. Oft bemerkt man in stillen Momenten, wie ein geistiger Kontakt aufgebaut wird – so auch jetzt.

Das ältere Paar, dem ich im Steinkreis zwischen den Buchen begegnet war, besuchte mich wieder. Sie wünschten, dass ich zu dem Gebüsch unterhalb der Böschung ginge, wo sich drei Wasserläufe in einem Teich vereinigten. „Aber", baten sie mich, „sei vorsichtig, denn dort befinden sich die Knochen."

Als die meinem Gefühl nach richtige Zeit heran war, machte ich mich mit zwei gleichgesinnten Freunden in einem Geländewagen auf den Weg durch das sanft gewellte Terrain der Pferdekoppeln zum Rand der Schlucht. Bei mir waren Lois, eine Frau in meinem Alter, und Karsten, ein kräftiger jüngerer Mann, der ein Didgeridoo mitgenommen hatte. Niemand von uns hatte eine Vorstellung davon, wie wir den Abstieg in die schier undurchdringliche Wildnis des New-England-Nationalparks bewerkstelligen sollten.

Vor allem behinderten die bedenklich steilen Uferböschungen unser Fortkommen.

Als wir jedoch fast am Rand der Schlucht angekommen waren, sahen wir einen großen Habichtfalken aus dem umgebenden Buschland hervorfliegen. Das Tier kreuzte unseren Weg direkt vor unserer Windschutzscheibe und wir hielten an. Da tauchte aus der entgegengesetzten Richtung ein Adler auf und flog in das Buschland, wo er zwischen den Bäumen verschwand.

Wir verließen den Wagen und folgten ihm in das Dickicht hinein. Dabei entdeckten wir eine Stelle, an der uns die Felsen einen schmalen, vom Regen ausgewaschenen Durchlass boten. Obwohl das Gelände sehr steil war, gelangten wir schließlich von dort aus zur Talsohle. Jeder von uns hat seine eigenen Geschichten aus diesem ungewöhnlichen Tag mitgenommen.

Wir waren scheinbar in einem tranceartigen Zustand aufgebrochen. Dinge wie Proviant, Wasser, Streichhölzer, Fackeln, Kerzen oder warme Kleidung, die man bei einem Aufenthalt in diesen Höhenlagen, vor allem im Winter, benötigt, hatten wir nicht mitgenommen. Zeit spielte keine Rolle. Auch unser Abstieg war mühsam, aber Karsten kletterte geschickt voran, und wir konnten uns auf ihn als Führer verlassen.

Als ich, in die Energien dieses Ortes vertieft, hinter den beiden anderen zurückblieb, hörte ich die Stimme der alten Aborigine: „Haltet hier und geht dort links hinauf. Da liegen die Knochen. Segnet sie bitte und nehmt ihre gefangenen Geister mit euch, damit sie befreit werden können, dort wo die drei Wasser sich treffen." Wir waren nicht allein auf unserem Weg!

Jetzt spürte ich, wie meine Kräfte nachließen. Gleich darauf holte ich die anderen ein, welche neben einem riesenhaften Baum standen, dessen Stamm am unteren Ende hohl war. „Leg dich in den Baumstamm, er wird dir für den nächsten Abschnitt der Reise Kraft und Mut geben", flüsterte die Stimme des alten Mannes.

Mein Kopf und meine Schultern passten genau in den Stamm und die überwältigende Kraft des Baumes erfüllte mich. Erst danach stellten wir fest, dass sich in dem Stamm genau an der Stelle, an welcher mein Kopf gelegen hatte, ein runder, flacher, grauer Stein befand, der über und über mit rotem Ocker bedeckt war. Das blieb rätselhaft, denn Ocker kommt in dieser Gegend nicht vor, und sonst begab sich niemand in diese Wildnis.

Wir bestrichen unsere Gesichter mit dem Ocker und setzten unseren Abstieg unter dem Schutz des alten Waldes fort.

Schließlich gelangten wir zu den drei Bächen, die sich als kleine Wasserfälle in einen wunderschönen Teich mit frischem, klarem, kaltem Wasser ergossen. Wir setzten uns um den Teich herum und bildeten so ein Dreieck. Alles schien dort dreimal vorhanden zu sein, bis hin zu drei hängenden Vogelnestern, die kunstvoll an den Teich umstehenden Bäume geheftet waren.

Karsten spielte das Didgeridoo, während Lois und ich ruhig dasaßen. Wir spürten, wie die Resonanz durch alles um uns herum stärker wurde. Uns wurde kälter und kälter, wir zitterten und uns befielen starke Kopfschmerzen wie bei einer Grippe. Mein Hals kratzte und wir fühlten uns insgesamt ausgesprochen unwohl, als die Energien der Vergangenheit uns erreichten. Das geschah, so sagte man uns, damit wir verstanden, wie sie sich gefühlt hatten - die wenigen, die auf wundersame Weise dem Tod entronnen waren und flohen, um ihr Leben zu retten.

Wir beschlossen, eine dreiseitige Säule aus Licht zu erschaffen, und baten dann sacht und schweigend die gefangenen Geister, diese zu benutzen, um in Freiheit heimzugehen, hinauf zum Licht ihrer geistigen Heimat. Viele Seelen stiegen auf und als wir uns auf den Rückweg machten, fühlten wir uns erschöpft und müde.

Es wurde bitterkalt und die Nacht sollte den einzigen trockenen Frost des Jahres, wenn nicht des Jahrhunderts, bringen. Karsten ging wieder voran und wies uns den Weg. Diesmal befanden wir uns jedoch in einem sehr weiten Gebiet dichten Waldes. Niemand von uns wusste, wie spät es war, aber es war klar, dass wir schnellstens zurückkehren mussten. Denn mit Einbruch der Nacht würde es unmöglich werden, aus dem Wald herauszufinden. Das höchste Tempo war in diesem Fall jedoch immer noch zu langsam.

Der Aufstieg war hart und erschöpfte uns vollends. Wir zitterten vor Kälte, waren müde und hungrig und kamen noch dazu mehrmals vom Weg ab. Dann standen wir vor hohen Felswänden, die wir unmöglich überwinden konnten, und die wir umgehen mussten, um einen anderen Pfad nach oben zu suchen. Manchmal war der Weg so steil, dass wir uns an Baumwurzeln festhalten mussten, um einen Felsabschnitt zu erklimmen.

Als wir einmal völlig erschöpft am Boden lagen, begann einer dieser liebenswerten Leierschwanzvögel, seine bezaubernde Melodie anzustimmen. Vollkommen verärgert schrie ich: „Ach, halt doch die Klappe!" und rief damit ein leises Lachen hervor, woran wir uns seitdem nicht ohne Vergnügen erinnern. Wir stolperten weiter und bewegten uns auf schmalen Felssimsen halb hockend vorwärts, um die Balance zu halten.

Uns wurde bewusst, dass wir Ereignisse der Vergangenheit wiederholten. Zwischen den Bäumen dämmerte bereits die Nacht und für eine Übernachtung im Freien waren wir unter diesen Umständen alles andere als vorbereitet. Im Geist jammerte ich: „Habt ihr uns jetzt etwa verlassen?" Die Äther trugen umgehend eine Antwort heran: „Natürlich nicht!" Diese Bestimmtheit gab mir den letzten nötigen Energieschub und siehe da, wenige Schritte später öffnete sich das Dickicht auf eine Wiesenlichtung hin. Wir waren zu Hause und wurden von drei großen Roten Kängurus empfangen, die vor dem Hintergrund eines prachtvollen roten Sonnenuntergangs sehr sonderbar wirkten.

3
Glastonbell

Der Adler hatte mich in mächtige Reiche, hochfrequente Dimensionen, kurz gesagt, in eine mir noch fremde Hierarchie entführt. Die Anziehungskraft dieser Frequenz ließ mich alles Interesse an der materiellen Welt vergessen. Ich begriff, dass dieses Angebot, mit allen Konsequenzen befolgt, dem höchsten Ausdruck meiner Seelenreise diente.

Zu Hause im nördlichen New South Wales wurde ich durch Träume und inneres Erleben gewahr, dass meine Verbindung mit dem Adler mich die gesamte Erdsphäre überschauen ließ. Ihm gleich flog ich höher und höher und kreiste über dem Gebiet, wo ich arbeiten sollte.

Durch eine intuitive, automatische Schreibtechnik erfuhr ich, dass ich in den Blauen Bergen leben würde. Kurz darauf rief mich eine Freundin aus Sydney an und sagte mir, sie verfüge über eine gewisse Summe Geld und beabsichtige, in die Blauen Berge zu ziehen, um dort Land für ein Heilzentrum zu finden. Sie bot mir an, mitzukommen, was mir gelegen kam, da ich mein Haus ohnehin verkaufen wollte.

Auf dem Weg in die Blauen Berge begegnete ich einem Freund, der mir von Glastonbell erzählte, einem Erdheiligtum hoch in den Bergen in der Nähe von Bell. Als wir zu Neujahr in Glastonbell eintrafen, fuhren die dortigen Hausverwalter gerade übers Wochenende weg, sodass wir unter uns waren. Wir gingen zunächst in dem gut 100 Hektar umfassenden und wohl umhegten Gebiet ursprünglichen Landes spazieren. Oft bekamen Menschen, die mit diesem Ort verbunden sind, größere persönliche Probleme, und die Atmosphäre war, gelinde gesagt, unwirtlich. Daher wussten wir, dass dies nicht unser Platz sei.

Ich entspannte mich in einer abseits gelegenen, kleinen Hütte. Nach wenigen Minuten erschien ein wunderbar goldenes Wesen, das den gesamten Raum vor mir einnahm und goldene Tropfen versprühte. Es stellte sich mir auf telepathischem Wege als Jove, der Gott der Ausdehnung, vor und sagte: „Wenn es mit diesem Ort zum Besten stünde, warum hätte man dich dann gebeten, hierher zu kommen?" Ich hatte nie etwas Vergleichbares erlebt, doch begriff ich, dass ich diese Gegend wieder bereisen sollte.

Zwei Monate später kehrte ich mit meiner Tochter nach Glastonbell zurück und blieb mehrere Monate, bis Ende Juli. Zu dieser Zeit lebten dort der Künstler Philip Simpfendorfer, Eigentümer und Hüter von Glastonbell, und drei weitere Personen. Wir wohnten im Anwesen des Verwalters, und meine Tochter nahm ein Fernstudium auf.

Mit der Fähigkeit zur Distanz, die mir der Adler verliehen hatte, hatte ich viele Visionen bezüglich meiner zukünftigen Arbeiten. Bevor ich nach Glastonbell gezogen war, sah ich mich in einer Vision von jemandem an der Hand geführt durch eine Schlucht fliegen, die, wie ich später feststellte, jene von Glastonbell war. Er geleitete mich bis nahe an die Felswände heran, deutete auf eine Quarzschicht und sagte: „Sieh sie dir genau an." Als ich dies tat, begann sie wie reiner Kristall zu funkeln. Dann flogen wir hinauf zu einem Berggipfel, wo er mir eine Regenpfütze zeigte.

Auch hier sagte er: „Schau sie dir an." Als ich daraufblickte, verwandelte sie sich in eine reine goldene Flüssigkeit. Schließlich flogen wir zum Gipfel der Sandsteinformation „Dreaming Rock", die sich hoch über das Tal erhob. Auf ihr saßen strahlend weiße Gestalten in einem Halbkreis. Sie nannten sich „die Großen Wesen," welche auf die Erde herabgestiegen waren. Als sie uns willkommen hießen, erzählten sie uns, wir würden in Glastonbell zusammenarbeiten und die Energien der heiligen Orte harmonisieren.

In den folgenden sieben Jahren ging ich vor und nach jeder Reise stets wieder zum Dreaming Rock, wo ich jedes Mal wertvolle Erkenntnisse über meine Arbeit erhielt. Das war eine ganz neue Erfahrung. Zuerst musste ich lernen, was Harmonie und Einheit bedeuten. Dabei spielten die männlichen und weiblichen Aspekte eine Rolle, weshalb ich dem jungen Freund, den ich in der Vision gesehen hatte, in Glastonbell begegnete. Ich erkannte ihn sofort an der vertrauten Energie.

Die starke, ungewöhnlich energetische Verbindung zwischen uns, welche wir beide deutlich fühlten, war wie die von Zwillingen. Durch diese Verbindung machte ich eine androgyne Erfahrung, bei der mein Körper männlich wurde, was ich als sehr eigenartig empfand. Die Erinnerung blieb körperlich bis ins Zellgefüge, aber ich hatte Schwierigkeiten, in meinen Normalzustand zurückzukehren. Das gelang mir erst vollkommen, als meine geistigen Plejadenfreunde eine Liedfrequenz für mich sandten, um die Energie ins Weibliche zurück zu verwandeln.

Die Plejaden wirkten von nun an intensiver mit mir zusammen. Durch sie entsann ich mich, woher ich gekommen und weshalb ich ausgewählt worden war, zu dieser Zeit auf der Erde zu leben. Ich wurde daran erinnert, dass mein Geist einst auf dem Stern „Celaeno" in den Plejaden weilte. Dort war es ebenfalls meine Aufgabe, Elemente in Einklang zu bringen. Auch mein Vorname, Anne, bedeutet „Einklang" oder „Einheit".

Als ich nach Übersee gegangen war, rief mich einmal ein alter indianischer Medizinmann in sein Tipi und fragte, ob ich mein Totem, wie es mir in seinem Land zukomme, wissen wolle. Er sagte, ich sei „Graues Pferd, das zwischen den Völkern umher läuft und Frieden bringt". Ich erfuhr, dass Adler, Habicht und Eule Boten der Plejaden und anderer spiritueller Reiche sind.

In Glastonbell übernachtete ich intuitionsgemäß in den Höhlen und erwachte jeden Morgen mit einer klaren Vorstellung davon, wohin ich in diesem vor Kraft überfließenden Gebiet, in dessen Landschaft viele Wesen einverwoben waren, gehen sollte.

Mit der Zeit stieg die Zahl jener, zu denen ich Kontakt hatte. Anfangs begegnete ich den aufgestiegenen Meistern, deren Energie mir vertraut war, und die Plejadier zeigten sich mir in besonderer Form. Später hatte ich auch geistige Verbindungen mit Aborigines. Dazu zählte auch die „irdische" Gestalt der Plejaden. Diese manifestierten sich nämlich als drei freundliche Wandjindas, die gut gelaunt neben mir herliefen, wo immer ich in den folgenden Jahren durchs Land wanderte.

Einmal traf ich im Geiste drei Aboriginemänner, die ihren Worten nach in einer Höhle der Kimberley-Region saßen. Sie wollten mit mir für die Dauer von drei Monaten einen stillen Friedenskreis bilden, um Blutvergießen während der Olympischen Spiele in Australien zu verhindern. Das war 1993, sieben Jahre vor Austragung der Spiele! Wenn ich während der nächsten drei Monate die Augen schloss, um zu meditieren, erschienen mir die drei Männer. Dabei sah mir der am nächsten Sitzende tief in die Augen und sein Blick durchdrang meine Seele. Für einige Minuten traten wir in die Tiefen der Stille ein.

Eines Nachts erwachte ich in meiner „Schlafhöhle" durch einen ungeheuren, engelsgleichen Adler, der mit ausgebreiteten schwarzgoldenen Schwingen auf die Höhle zuschwebte. Er flog geradewegs in mich hinein und ich fiel in einen tiefen Schlaf. Als ich am frühen Morgen erwachte und aus der Höhle schaute, bot sich mir ein Anblick aus einer anderen Seinsebene. Ich sah farbenprächtige Palmen und Blumen und vernahm dabei das Wort „Paradies". Ein anderes Mal erwachte ich, weil jemand rief: „Angleichungen. Politisch." Zur Höhlendecke aufblickend sah ich eine Karte von Australien, gefolgt von geraden Linien, die sich darüber hinzogen. Dann tauchte ein Energiestrahl auf, der gleich einem Laserpointer auf eine bestimmte Stelle der Karte deutete. Später schlug ich diese Stelle nach und sah, dass es sich um den Wolfe-Creek-Krater in der Tanamiwüste Nordaustraliens handelte.

4
Das Eingeborenentreffen in Ulladulla

Zurück im nördlichen New South Wales, fiel mir eine bunte Broschüre im Schaufenster des örtlichen Naturkostladens auf, die zu einem Eingeborenentreffen in Ulladulla an der Südküste einlud. Mit meinen „Anweisungen" im Hinterkopf musste diese Ankündigung mein Interesse erregen. Jedoch machten die logistischen Probleme meine Teilnahme unmöglich, sodass ich die Idee fallen ließ. Da riefen mich Freunde aus Glastonbell an und fragten, ob ich nicht Lust hätte, sie zu dem besagten Treffen in Ulladulla zu begleiten. Jemand hatte seine Teilnahme abgesagt, wodurch ein Platz im Auto und der gemieteten Hütte frei wurde.

Der Weg nach Ulladulla erwies sich für mich als eine kraftspendende und bedeutsame Reise. Ich rechnete damit, einigen Aborigines der Wüstengebiete Zentralaustraliens zu begegnen. Ich nahm an, ich würde mich mit ihnen zum Wolfe-Creek-Krater begeben, wusste aber nicht, was weiter geschehen würde. Viele Stämme aus allen Ecken der Welt nahmen an dieser Versammlung teil.

Es war ein Treffen voller Intensität, und Gespräche zwischen Aborigines und den amerikanischen Organisatoren blieben nicht aus. „Weiße" wurden nicht als Gefahr betrachtet und waren bei diesem Ereignis nicht von Bedeutung. Vielmehr erhielten sie Anstecker, die sie als Besucher auswiesen, wohingegen Ureinwohner VIP-Marken trugen.

Die VIPs erhielten ihre Mahlzeiten zuerst. Die Besucher mussten sich hinter allen anderen anstellen und dementsprechend lange warten. Auf dieser bunten und pulsierenden Versammlung gab es Gesprächsrunden, Musik, bildende Künste, Tanz und Zeremonien bei Tag und Nacht. Die „Egos" stritten sich um ihre Wichtigkeit, die emotionalen Wellen schlugen hoch und doch war es eine

28

heilsame Zeit. Viele Geschichten wurden ausgetauscht, Tränen der Anteilnahme flossen. Ich mischte mich unter die Aborigines und auch unter die Eingeborenen anderer Länder, fand jedoch keinen wirklich persönlichen Kontakt.

Nur saß oder stand ich bei allen Gelegenheiten auf dem nächsten freien Platz neben einem Maori. Rückblickend war dies nur folgerichtig, bedenkt man meine „Instruktionen". Man hatte mir versichert, dass es einfacher sei mit den Maori zu beginnen. In den kommenden Jahren sollte ich das immer wieder feststellen. Obwohl mehrere Maoristämme anwesend waren, traf ich jedes Mal mit Vertretern eines bestimmten Stammes zusammen, nämlich den Ngati Ruru, dem Nachteulenstamm vom Wanganui-Fluss im nördlichen Neuseeland. Immer wenn ich den Ngati Ruru begegnete, spürte ich eine elektrisierende, leidenschaftliche Verbindung. Zweifellos hatte die geistige Welt etwas mit uns vor.

Die Versammlung fand auf einer großen Koppel längs der Küste statt. Gegen zwei Uhr nachts lauschte ich mit weiteren Teilnehmern der lebendigen Musik eines alten, blinden Afrikaners. Einzelne Worte gingen mir so lange beharrlich durch den Kopf, bis ich schließlich bewusst auf sie achten musste.

Der Mond stand blau, zum Teil von Wolken verdeckt. Ich musste am Strand spazieren gehen, um dort vielleicht jemanden zu treffen. So ging ich hinunter zum Meer und folgte einige Zeit dem weit ausgestreckten Küstensaum. Es war eine außergewöhnlich schöne Nacht. Es war niemand sonst am Strand.

Ich machte mich gerade auf den Weg zurück zum Versammlungsgelände, als jemand in einiger Entfernung aus Richtung des Camps auftauchte und in meiner Nähe zwischen den Dünen entlangging. Die Nationalität oder das Geschlecht der Person ließen sich nicht ausmachen. Als wir uns jedoch einander näherten, lenkte mich eine überwältigende Kraft zu dieser Person. Sehr zu unserer Verlegenheit, scheinbar aber nicht von uns beeinflussbar, machte sie die gleiche Erfahrung.

Wir trafen uns auf halbem Wege am Strand, umarmten uns wortlos und verharrten so einige Zeit. Es war ein Maori mit wild wallendem Haar und einem sanften Gesicht. Wir sprachen eine Weile von Eulen und Adlern, den Plejaden, Propheten, Träumen und Visionen sowie über das Land und seine Energielinien, über Geomantie und Einheit. Tane, so hieß der Maori, und seine Familie hatten Vorstellungen, die den meinen sehr ähnlich waren. Er nannte mich bald seine Schwester und lud mich in seine Heimat nach Aotearoa ein, wie die Maori Neuseeland nennen.

Am Ende war ein gewisses Maß an Harmonie in Ulladulla erreicht worden. Die Tänzerinnen des Zentrums waren mit dem Bus angereist, welcher unterwegs eine Panne gehabt hatte. Als sie endlich spät nachts gegen Ende unseres Aufenthaltes ankamen, lagen in der kalten Luft auch zwischenmenschliche Reibereien. Bemalt und nur mit ihren schwarzen Röcken bekleidet schafften sie es, alle zusammenzuführen. Mit dem Slogan des Treffens gesprochen: Alle sollten „Seite an Seite gehen, Schulter an Schulter".

Wegen der Kälte drängten alle durch die Dunkelheit zum Heiligen Feuer der amerikanischen Ureinwohner und machten es sich in seinem Schein gemütlich. Es war kein Wort des Widerwillens zu hören, obwohl zuvor jedem, der sich in diesen geheiligten Bezirk, das Reich der Geschichtenerzähler, gewagt hatte, von den amerikanischen Sicherheitskräften mangelnder Respekt vorgeworfen wurde. Etwas später in dieser Nacht wollten die amerikanischen Organisatoren es gewissermaßen nur der „Elite" erlauben, mit den Wüstenfrauen zu tanzen. Die Tänzerinnen hingegen luden ruhig, aber mit Nachdruck jeden ein, sich ihnen anzuschließen. Und alle kamen dieser Einladung nach! Für mich war dies der Höhepunkt des Treffens und ein magischer Moment.

Meines Erachtens sind die Wüstenbewohner in ihrer Einfachheit, Menschlichkeit und Reinheit immer noch etwas Besonderes. Ich hatte mit diesen Aboriginefrauen kein Wort gewechselt, aber ein Kontakt war trotzdem hergestellt, und wir sollten uns später wiedersehen. „Zuerst die Maori, denn mit ihnen ist es leichter!"

5
Aotearoa

Adler und Eulen aller Arten und Schattierungen ließen sich immer öfter in meiner Nähe blicken. Sie besuchten meinen Garten in der ländlichen Kleinstadt, in der ich wohnte. Eines Morgens tauchte am Küchenfenster ein großer, silbergrauer Adler auf. Eine solche, geradezu himmlische Erscheinung, hatte ich nie zuvor gesehen. Nachts saßen Eulen wie Wachposten auf meiner Wäscheleine vor dem Hintereingang. Die „Ahnen" wachten und warteten.

Es war an der Zeit, meine Initiationsreise nach Aotearoa anzutreten - ein sehr anstrengendes Unterfangen, das in Angriff genommen werden musste. Die Anziehungskraft war zu stark, als dass ich mich ihr hätte entziehen können. Ähnliche Empfindungen sollte ich in den kommenden Jahren noch oft verspüren.

Mein erster Stopp war wieder einmal Glastonbell in den Blauen Bergen. Die Hüter dieses Ortes hatten viele Jahre mit den Erdenergien und Kraftlinien des Planeten gearbeitet und erfreuten sich enger Kontakte mit neuseeländischen Freunden. Sie halfen mir, indem sie ein Treffen mit einem älteren Ehepaar organisierten, das mich bei meiner Ankunft in Auckland abholte und zum One Tree Hill geleitete, dem bekannten Vulkankegel dieser Stadt.

Dort saßen wir ruhig und in einem gewissen Abstand voneinander, als ich plötzlich eine weibliche Stimme vernahm, die jenseits des Ozeans aus dem Abendnebel zu mir getragen wurde. Die Frau, die nun vor mir erschien, war mir in Ulladulla aufgefallen, jedoch zeitig in ihr Heimatland zurückgereist, ohne dass ich mit ihr hätte sprechen können. Sie trug ein traditionelles, aus Flachs gewebtes Stirnband und ein pounamu patu, eine aus Jade gefertigte Waffe.

Diese besondere Art Jade ist den Maori seit jeher heilig und wurde oft von Ahnen, die sie vererbten, oder Steinschneidern mit heiligem Wissen getragen. Sie galt als Verbindung zur geistigen Welt. Ungeachtet der Waffe, welche für mich die Kriegerin vergangener Zeiten bezeichnete, hieß sie mich in ihrem Land mit dem geisterhaften Ruf des karanga willkommen.

Dieser Ruf sollte mir bald vertraut werden; er berührt das Herz und dringt gleichsam in die Erinnerung der Seele vor. Es ist, als umgäben einen Ahnengeister der Maori und Kelten, die gemeinsamen Ursprungs sind. Die Gefühle schweifen dann weit zurück, sie suchen den Anbeginn. Sollte dies die „tiefste Ebene" sein? Sollte es dort sein, wo die Barrieren enden? Das war meine erste Berührung mit der Tiefe und Kraft des wairua, des Geistes der Maori.

Meine freundlichen und teilnahmsvollen Gastgeber zeigten mir ihre Lieblingsorte der Umgebung und ließen mich zu Hause einen eiförmigen Jadestein in den Händen halten. Ich ging zu Bett und schlief mit dem Steinchen auf der Brust ein. Mitten in der Nacht wachte ich auf, weil der Stein heftig vibrierte. Telepathische Worte drangen in mein Bewusstsein.

Zu diesem Zeitpunkt wusste ich noch nicht, wohin ich mich nach meinem Aufenthalt in Auckland als nächstes wenden sollte. Viel Zeit stand mir nicht zur Verfügung, da meine Kinder in Australien geblieben waren. Ich brauchte also Klarheit. Meine Freunde hatten mir die Namen mehrerer Maori und Pakeha, wie die Europäer von ihnen genannt werden, gegeben, die ich aufsuchen konnte. Nun ließ mich der Stein neben den Vor- und Nachteilen auch die Zwecke und Folgen wissen, die sich jeweils ergeben würden, wenn ich die verschiedenen Personen meiner Liste besuchte.

Von Auckland aus reiste ich weiter zum Lake Taupo, wo ich eine ältere Frau traf, die schon lange mit Glastonbell in Verbindung stand. Sie lebte auf einem Flecken überaus kraftvollen Landes in Taupo, das auffälligerweise in seinem unteren Teil einen weiblichen Abschnitt hatte, während sich im höhergelegenen Teil ein großer männlicher Fels befand. Das Land war öffentlich zugänglich und zog viele Menschen aus allen Erdteilen an. Regelmäßig hielt man dort Zeremonien ab. Auch waren für den Gebrauch von Besuchern große Felssteine spiralförmig angeordnet und um sie herum eine Vielzahl verschiedener Bäume angepflanzt worden.

Es war kühl und bedeckt, als wir am frühen Abend bei ihrem Haus ankamen. Gleichwohl kletterte ich als erstes auf den männlichen Felsen. Ich wandte mich dem Mount Tauhara zu, dem heiligen Berg auf einer Insel im Lake Taupo.

Zuerst bemerkte ich das Gesicht einer Frau an der Bergflanke. Dann projizierte das Wesen seine Energie mit solcher Kraft auf mich, dass ich mich auf den Felsen legen musste. Unter mir schien sich eine starke, weiße Wurzel zu erheben und mit meiner Wirbelsäule zu verbinden. Dabei hörte ich die strengen Worte: „Das Land will, dass Maori auf ihm umhergehen!"

Es dunkelte und Regen setzte ein. Trotzdem konnte ich mich nicht rühren, solange ich diese Worte vernahm. Mir war, als würde mich die von dem Wesen des Berges ausgesandte Energie an den Felsen schmieden. Schleißlich kehrte ich zum Haus zurück und fragte meine neue Freundin, ob ihr Land von vielen Maori besucht würde. Sie wunderte sich darüber und entgegnete, dass dem nicht so sei. Vielleicht, fügte sie hinzu, liege es daran, dass der Zweck dieses Landes darin bestehe, Energien für die neue Erde zu sammeln. Am nächsten Morgen reisten jedoch mehrere Maori aus Auckland an. Viele von ihnen haben seitdem diesen Ort besucht und zweifellos werden ihnen noch viele folgen.

Meine Freundin hatte ein besonderes Gespür für die Kräfte von Kristallen. Neben vielen sehr großen, quarzdurchzogenen Erdhütern bevölkerten hunderte kleinerer Exemplare ihren Garten, mit deren Heilkräften sie arbeitete. Bedeckt von Kristallen lag ich eines Tages auf dem Massagetisch im Turm ihres Hauses, der auf den Mount Tauhara blickte. „Frag doch nach dem, was du gerade am meisten benötigst!", schlug sie vor.

Die Frage, die mir daraufhin in den Sinn kam, war folgende: „Wie durchbreche ich die fundamentale Barriere zwischen den keltischen Völkern und den Maori?" Noch bevor ich die Frage formuliert hatte, erschien die Maorifrau, die mich auf dem Tree Hill begrüßt hatte. Diesmal trug sie einen tokotoko, den mit Schnitzereien verzierten Gehstock. Sie sagte: „Beginnen wir doch mit dir und mir!"

Wir sahen uns in die Augen, sahen einander in die Seelen. Die Distanz zwischen uns verflüchtigte sich. Wir redeten miteinander, wie man mit sich selbst spricht. Lächelnd bot sie mir ihren geschnitzten tokotoko an. Ich bedankte mich für ihre Anerkennung, nahm das Geschenk aber nicht an. „Ich gehe ohne solche Hilfen", rechtfertigte ich mich. Eine Heilung schien im Gang zu sein und ich begann, einen Aspekt der Barriere zu verstehen.

Am folgenden Tag traf ein Nordamerikaner ein, um meiner Freundin einen großen Rauchquarz anzuvertrauen, den man aus Tibet über China geschmuggelt hatte. Er bat, mich zu einer Höhle am Rand des Lake Taupo bringen zu dürfen. Dort angekommen, nebelte er die Höhle mit Salbei ein und kehrte dann zum Haus zurück. Als ich dort in der Stille und im Frieden der Höhle am Ufer des Sees lag, erfüllte mich Traurigkeit und ich fragte abermals: „Wie durchbreche ich die Barriere zwischen den keltischen Völkern und den Maori?"

Ein Singvogel kam in die Höhle geflogen, setzte sich neben mich und stimmte ein jubilierendes Lied an. Da öffnete sich mein Herz wieder und die Höhle war zugleich von Freude erfüllt. Dies war ein weiterer Hinweis für mich.

Zurück im Haus, spürte meine Freundin deutlich, dass ich die Maori am Wanganui-Fluss aufsuchen sollte. Das bestätigte, was mir bereits durch das Jadeei in Auckland übermittelt worden war. Sie gab mir einige alte Fotos von Matahiwi, einem besonderen am Wanganui gelegenen Marae, wie die Maori ihre Versammlungshäuser nennen, das sie in jüngeren Jahren zu renovieren mitgeholfen hatte.

Meine Freundin aus dem Volk der Maori

Diese Verbindung war interessant. Sie war die Großmutter der Familie, die ich in Ulladulla getroffen hatte. Sie hatte sie viele Wege und Künste der Maori gelehrt, und der Name Matahiwi war schon in meinem Adressbuch vermerkt. Diese Großmutter war einer jener Menschen, die mit Wort und Tat für Frieden und Einheit unter den Leuten eintraten, während gewisse andere in dieser Region es vorzogen, die schwarzen Künste zu praktizieren, und dort leider auch über einige unbestrittene Kräfte verfügten.

Nun stand der Maori, dem ich vergangenes Jahr am Strand von Ulladulla begegnet war, auf dem Programm. Ich rief an und sagte, ich würde ihm gern einen Besuch abstatten. Mit der üblichen Wärme der Maori, der ein wenig Zurückhaltung beigemischt ist, entgegnete er: „Nun, das sollte kein Problem darstellen." Ich schickte voraus, dass mein Bus gegen dreizehn Uhr zurückfahren würde. Das war fast ein kleiner Schock für ihn, aber dieses Vorgehen war ratsam. Denn das Jadeei hatte mir in Auckland bedeutet, dass die Wanganui mir zunächst nicht trauen.

6
Wanganui

Als der Bus in die Haltestelle von Wanganui einbog, entdeckte ich Moana, die Frau des Maoris, welche gekommen war, um mich abzuholen. Dies war der Beginn einer langen und tiefen Freundschaft. Ich nahm auf dem Rücksitz ihres Autos Platz, während sie und ihr Cousin vorn saßen. Damals hegte man starke Vorbehalte gegen Pakeha, denn Konflikte mit der Regierung waren an der Tagesordnung und nahmen beständig zu.

Die Maori sind ein Kriegervolk und lassen sich nicht abschätzig behandeln. Zu diesem Zeitpunkt brachten die Maori und die sie regierenden Pakeha einander ungefähr soviel Respekt entgegen wie zwei Hunde, die auf denselben Knochen aus sind. Der Knochen war in diesem Fall Grundbesitz und sämtliche damit verbundene Probleme.

Bei meiner Ankunft erfuhr ich, dass eine Familienangehörige im Krankenhaus war, um ihr erstes Kind zur Welt zu bringen. Die Erwachsenen begaben sich deshalb gleich in die Klinik zurück und ich blieb mit den fünf Kindern allein im Haus. Nach einiger Zeit kehrte Moana zurück und wir unterhielten uns. Ich gab zu, gewarnt worden zu sein, dass sie mir anfangs nicht vertrauen würden.

„Das sind tatsächlich meine ersten Gedanken gewesen", räumte sie ein, „nachdem mein Mann von deinem Besuchswunsch berichtet hatte. Ich habe mich gefragt, was du wohl von uns willst. Unsere tupuna, die Ahnenführer, haben uns aber angehalten, unsere Einstellung zu dir zu ändern, da du vom Geist gesandt bist und wir dich sonst verlieren würden. Daraufhin wurde mir klar, dass ich mich von meinem höheren Selbst auf das deine beziehen musste."

Die Adler von Aotearoa wurden zwar ausgerottet, aber die Maori erzählen sich von einem großen goldenen Adler, der ihnen einst heilig war. Heute leben dort viele Habichtfalken, welche die Maori ihre Vorfahren nennen. Man ist es gewohnt, dass diese Vögel Zeichen und Botschaften aus anderen Sphären übermitteln.

Zu dieser Zeit hatte ich bereits Habichtfalken bemerkt, die mir stets folgten und sich sonderbar benahmen. Beispielsweise flogen sie neben dem Bus her, in dem ich fuhr, und hielten sich dabei so dicht wie möglich neben meinem Fenster. Als ich meinen Maorifreunden davon erzählte, zeigten sie sich nicht überrascht.

Im Krankenhaus schien das Baby es nicht eilig zu haben, geboren zu werden. Jemand kam zurück und berichtete, die werdende Mutter ließe fragen, ob ich ins Krankenhaus kommen und zusammen mit der Familie im Geburtszimmer bleiben wolle. Beim Betreten des Krankenzimmers wurde ich von einem lauten Schrei empfangen. Das Baby war endlich bereit, zur Welt zu kommen. Eltern, Kinder und Großmutter hatten rund um die Uhr gewartet und auf Matratzen auf dem Boden übernachtet.

Im Augenblick der Geburt stand die Großmutter auf und sprach das karakia, eine Art Anrufung oder Segen für das Kind. Gleich darauf wurde der neugeborene Junge eiligst in einen Brutkasten gelegt, da sein Atem unregelmäßig war, und zusammen mit dem Vater in eine Klink in Christchurch, South Island geflogen. Auf dem Weg zum Flughafen folgte ihnen ein besorgter Habicht. Das Kind erhielt daher auch den Namen Kahu Rere Teitei, hochfliegender Habicht, und wurde so in der Welt willkommen geheißen.

Während der Rest der Familie sich zu Hause versammelte und im Kreis zusammensetzte, wurden weitere Familienmitglieder herbeigerufen, und wir stimmten in ein karakia für Kahu Rere Teitei ein. Mich eingeschlossen sagten wir alle einige Worte und beteten für seine sichere Rückkehr. Er und sein Vater trafen später auch wohlbehalten ein und noch heute ist er das blühende Leben, nimmt jede Hürde und unterhält seine Umgebung aufs Beste. Irgendwie hatte mich die Aufregung um Kahu innig mit dieser Familie verbunden. Und obgleich wir oft monatelang nichts voneinander hören, besteht dieses Band immerfort.

Vor dieser Reise wusste ich nichts über Maori, sieht man einmal von den verqueren Schilderungen meiner britischen Geschichtsbücher ab. So war ich angenehm überrascht, wie stark sie mit den Welten des Geistes verbunden und vor allem Natur und Umwelt zugetan waren. Ich konnte offen über meine Erfahrungen reden und wir entdeckten, dass wir viele Visionen teilten. Auch berieten sie sich mit den Ältesten, bevor sie etwas unternahmen, was den gesamten Stamm beeinflussen konnte. Indem sie sich schweigend niederließen, fragten sie auch die tupuna, „die Alten", die sie weiterhin führten und von jenseits des Schleiers mit ihnen zusammenwirkten, um Rat.

Nach einem solchen Ratschlag beschloss man, mich den Wanganui aufwärts zu einem heiligen Ort namens Tieke mitzunehmen. Der Großvater fuhr mich zu einem Dorf am Ende der alten, dem Fluss folgenden Straße. Unterwegs hielten wir an einem Aussichtspunkt an, der sich hoch über dem mäandernden Strom erhob. Der Alte erkundigte sich danach, was ich empfand, als ich auf den Fluss hinabblickte. „Fühlst du dich wie jemand, der nach Hause gekommen ist?" Genauso war mir. Dieser Ort fühlte sich so vertraut an.

Im Dorf Pipiriki angekommen, hielten wir vor dem Haus des Bootsmannes. Im Laufe der Jahre sollte ich noch oft hierher kommen und die richtige Zeit abwarten, um in der „Tieke Lady", dem Schnellboot, den Fluss hinaufzufahren. Das konnte am Tag meiner Ankunft oder einige Tage später sein. Trotz eines gewissen Argwohns bei diesem ersten Besuch, kam ich mir schon bald wie ein Familienmitglied vor. Alle waren froh und offenkundig stolz, mit dieser Pakeha die spirituelle Schönheit und Essenz ihres heiligen Landes zu teilen, das die Behörden National Park nannten.

Ich war ihnen gleich zugeneigt und fühlte mit ihnen. Je mehr ich sah und erfuhr, umso mehr nahm dieses Gefühl zu. Im gleichen Maße wuchs die Hingabe an meine sich entfaltende spirituelle Bestimmung und festigte sich mein Entschluss, diese zu erfüllen.

7
Das Marae von Tieke am Wanganui-Fluss

Der Bootsmann war ein erfahrener, stiller und liebenswerter Mensch sowie ein angenehmer Gesellschafter während der Fahrt. Ihm war jede Schattierung in den Launen dieses außergewöhnlichen Flusses vertraut und ich fühlte mich sicher, wie er das Boot durch die Stromschnellen steuerte. Der Fluss barg seine Gefahren, denn seine Katarakte und Wirbel waren ebenso schön wie gefährlich. Ich hörte auch von Unglücksfällen mit tödlichem Ausgang.

Mit der entsprechenden Fähigkeit kann man überall entlang des Stromes Geister sehen, von denen nicht alle freundlich gesonnen sind. Diese Fahrten waren immer wieder so packend wie beim ersten Mal. Die Klippen und die üppige Vegetation begleiteten auf wundervolle Weise die Erfahrung einer solchen Reise durch die Wildnis, diesen allerheiligsten Fluss hinauf.

Das überwältigende Gefühl jedoch rührte von den Ahnen her, deren wachsame Präsenz dieses großartige Land erfüllt, das einst ihre geliebte Heimat gewesen war, und das viele von ihnen geistig nie verlassen haben. Ich fühlte ihre Anwesenheit während der gesamten Fahrt; sie hießen uns in der Heimat willkommen und erleuchteten den Weg. Mehr noch, die Ahnen hatten die psychischen Tore in ihre Reiche geöffnet. Ich wurde in längst vergangene Zeiten versetzt und fühlte mich überaus geehrt, ohne recht zu wissen, warum. Es war, als würde man mit der größten Hochachtung empfangen, wie ein besonders angesehener Gast, eine Göttin oder ein wichtiges und geliebtes Familienmitglied bei seiner Heimkehr.

Als das Boot am Kieselstrand von Tieke anlegte, stürmten uns die jüngeren Familienmitglieder über die steile Uferböschung entgegen, um uns zu begrüßen. Dann schufen sie das Gepäck und die

Verpflegung zum Marae hinauf, wo wir essen und schlafen würden. Andere standen weiter oberhalb und begrüßten uns freundlich lächelnd. Nach diesem ersten Empfang wartete ich, bis man mich auf die überlieferte Art und Weise im Bezirk des Maraes willkommen hieß.

Nachdem wir den geisterhaften Ruf des karangas von den Ältesten vernommen hatten, begab ich mich mit den Maori, die mich zum Marae bringen sollten, durch einen gesonderten Zugang in den geheiligten Bezirk. Dieser Ruf ist das Zeichen, zu den in diesem Areal befindlichen Bänken zu gehen, auf denen sich die Männer vorne, hinter ihnen die Frauen niederließen.

Die Besucher erwidern auf ihrem Weg den Gruß der Gastgeber. Zuerst setzen sich die Gäste in einigem Abstand zu den Gastgebern auf die Bänke. Dabei stehen die Gastgeber vor den Neuangekommenen und sind ihnen zugewandt. Der Älteste ehrt nun die Ahnen dieses Gebietes, heißt die Gäste am Herd Tiekes willkommen und entbietet hernach ein karakia, ein Gebet. Dann wird ein wahrhaft bezauberndes, Lied - waiata - ausgewählt - meist eines, das von der umgebenden Natur handelt.

Die Frauen singen dieses Lied in vollkommener Harmonie, woraufhin die Gäste es ihnen gleichtun können. Allerdings ist das keine leichte Angelegenheit, wenn man nicht sehr musikalisch ist. Alle sitzen danach beieinander und die Männer unterhalten sich, währenddessen die Gäste sich vorbereiten, ein koha darzubringen.

Diese Bräuche gehen in uralte Zeiten zurück, in denen die Beziehungen zwischen den Stämmen sehr lose waren und man sich nur mit größter Vorsicht begegnete. Die Verhältnisse sind heutzutage einfacher und entspannter. Ein bei einem Marae übliches koha ist kein Dankopfer im engeren Sinne, wurde aber meist in Form von Speisen oder praktischen Dingen im Gegenzug zur Gastfreundschaft dargebracht. Heute ist mitunter auch Geld eine angemessene Gabe. Es wird auf der Wiesenfläche in der Mitte des Marae zwischen den Parteien niedergelegt und von einem der Gastgeber aufgehoben, der rückwärtsgehend zu seiner Gruppe zurückkehrt.

Der nächste Punkt des Protokolls besteht in der Bedankung für das Geschenk. Danach können sich alle entspannen und in einer Reihe vortreten, um einem gegenüberstehenden Angehörigen der Gastgeberfamilien die Hand zu schütteln, ihn mit dem traditionellen hongi zu begrüßen, zu umarmen oder zu küssen.

Durch diese herzliche und einladende Begrüßung wird man in der Familie willkommen geheißen. Gastgeber und Gäste haben sich nun mit dem Segen der Ahnen beider Seiten getroffen. Eine Tasse Tee wird angeboten, wodurch die konzentrierte spirituelle Energie des Begrüßungszeremoniells, das tapu, aufgehoben wird, und alles kehrt zur Normalität zurück – was bedeutet, dass man beim Kartoffelschälen für das Festessen und beim Abwasch hilft.

Bewaldete Steilhänge und Hügel umgeben Tieke auf drei Seiten, während der Fluss die vierte säumt. Der Urahn dieses mittleren Flussabschnittes ist Tamahaki und die Familien, die heute dieses Gebiet behüten, sind seine Nachfahren. Zur Zeit meines ersten Besuchs hatte gerade ein langwieriger Gerichtsprozess um den Erhalt ihres Landes begonnen. Einige Monate zuvor hatte die Familie entschieden, nach Tieke zurückzukehren um es wieder zu besiedeln, nachdem sie von einem Regierungsbeschluss unterrichtet worden waren, dass ein groß angelegtes Handels- und Tourismusprogramm für die Gebiete entlang des Flusses anlaufen solle. Man betrachtete sie als Querulanten und sowohl Polizei- als auch Regierungsbeamte drohten ihnen mit Verhaftung und Gefängnisstrafen.

Die Familien waren überzeugt, nach Hause zurückgekehrt zu sein und verteidigen ihr Recht noch heute. Ich will die politischen Zusammenhänge hier nicht eingehender darlegen. Es soll ausreichen zu sagen, dass sie gut dokumentiert hatten, wie ihnen ihr Land in der ersten Hälfte des 20. Jahrhunderts wegen eines Eisenbahnprojektes weggenommen worden war, welches nie realisiert wurde. Ihre Vorfahren waren in diesem Land geboren und aufgewachsen und die Dahingeschiedenen waren dort bestattet worden. So bestanden für sie niemals Zweifel am rechtmäßigen Besitz des Landes.

Die Maori hatten durch die englischen Kolonialisten ein ähnliches Schicksal erlitten wie die Aborigines Australiens. Sie waren massenhaft vergiftet, von eingeschleppten Seuchen dahingerafft, erschossen und ertränkt worden. Als sie in ihr Land heimkehrten, erhielten die Ältesten die Flamme im Herd von Tieke am Leben. Sie betrachteten sich als die Hüter des Heiligen Feuers und hielten so weit wie möglich an ihren spirituellen Leitbildern fest. Viele andere wurden mit hohen Geldangeboten zu ködern versucht. Die Regierung versuchte sie zu Kompromissen hinsichtlich eines Tourismusdeals zu bewegen. Das Gerichtsurteil zu ihren Gunsten mag nie fallen und die Treffen mit dem „Departement of Conservation" (DOC) mögen weitergehen, aber die Integrität des Landes, seine Heiligkeit und seine Menschen blieben bisher unversehrt.

Die kleinen Kinder wollten mit mir zum Ufer gehen und die Kiesel zeigen, welche den Strom säumten. Während des Weges sangen sie ihr waiata. Ich spielte gerade mit den Kieseln, da bemerkte ich die vertrauten Adlerschwingungen. Aufschauend erblickte ich einen Habicht, der wild über einigen auf einer hohen Böschung stehenden pongas, den dort heimischen Baumfarnen, kreiste. Seine und meine Energien wurden eins und ich trat in den mir bekannten tranceartigen Zustand ein.

Nachdem ich die Kinder zurückgebracht hatte, begab ich mich wieder an die Stelle, von der aus ich den Habicht bemerkt hatte. Zum ersten Mal kletterte ich die steilen, schlammigen Hügel des neuseeländischen Buschlandes hinauf und zog mich dabei an gelegentlich hervorstehenden Wurzeln nach oben. Als ich die Gruppe von pongas erreicht hatte, bemerkte ich einen großen, runden Stein, ähnlich denen, welche die uralten Gräber der Ahnen in den urupas markierten. Auf diesen setzte ich mich und wartete. Es dauerte nicht lange, da hörte ich die Worte: „Deine keltischen Ahnen waren hier und wir danken dir für deine Rückkehr zu dieser entscheidenden

Zeit. Wir bitten dich, bringe irgendwann deine Kinder hierher zurück."

In meiner geschichtlichen Unkenntnis überraschte mich, das zu hören. Abgesehen von meinen Großeltern, die mütterlicherseits schottischer und väterlicherseits irischer Abstammung waren, wusste ich, wie die meisten meiner Generation, nichts über meine keltischen Ahnen. Inzwischen ist jedoch eine Zunahme des Interesses an diesen alten Wurzeln zu beobachten. Mir wurde klar, dass Schotten, Iren und Maori ganz ähnliche Schicksale durch die Engländer erlitten hatten, nur widerfuhr das Unheil den Schotten einige Jahrhunderte früher.

Bei Rückkehr zum Marae hatte ein Boot mit weiteren Familienangehörigen angelegt, deren moralische Unterstützung in diesen Tagen wichtig war. Junge wie Ältere hatten ihre komfortablen Wohnungen und ihr behagliches Leben hinter sich gelassen, um dieses heilige Land für ihre Kinder und zukünftige Generationen zu bewahren. Das Vorhaben, längere Zeit in dieser Abgeschiedenheit zu verharren und auf das Boot angewiesen zu sein, das einen mit dem Nötigsten versorgte, erforderte Hingabe und Einsatz.

Das Tieke-Marae ist als ein vom DOC ausgewiesener Rastpunkt am Wanganui für Touristen geöffnet. Tausende Kanuten kommen dort jedes Jahr vorbei. Man kann in Tieke die Nacht im Campingzelt verbringen und gemeinsam mit der Familie essen. Manchmal bedeutet das, kurzfristig für an die hundert Personen zu kochen, aber das stellte für die dort lebenden Stämme noch nie ein Problem dar. Oft sehen die Touristen, zu denen auch unerschrockene Neuseeländer zählen, zum ersten Mal ein Marae der Maori und sind von diesen neuen Eindrücken ganz und gar begeistert.

Wärme, Gastfreundschaft und Humor passen so gar nicht in das Bild, das die Medien von diesen „Querulanten" vermitteln. Dabei bietet sich auch Gelegenheit, die von der opportunen Presse verzerrten Darstellungen der politischen Situation zurechtzurücken. Viele „Pakehatouristen" meinen regelrecht, die Maori würden sich hinter den Böschungen verstecken, um zur Begrüßung Felsblöcke auf die Fremden zu rollen.

Unter den Neuankömmlingen war auch Rangi, den ich bereits in Ulladulla kennen gelernt hatte. Er hatte sich dort am Heiligen Feuer der amerikanischen Ureinwohner mit einigen Leuten über die Plejaden und die spirituelle Weltsicht der Maori unterhalten.

Ich hatte ihm über meine Verbindungen zu den Plejaden und den Adlern erzählt und er hatte mich eingeladen, ihn und seine Familie in Aotearoa zu besuchen. Dieser Mann war eine Art Häuptling und verfügte somit über eine gewisse Macht innerhalb des Stammes. Man vertraute sehr stark auf seine umfassenden Fähigkeiten und sein großes Wissen über die alten Wege und die Sprache der Maori. Diese sind überaus eloquent, wenn sie ihre Sprache benutzen oder über ihr kulturelles Erbe sprechen.

Mein Bekannter war einer jener begabten Redner, die nach alter Weise einen geschnitzten tokotoko halten, der manchmal mit alter Weisheit der Altvorderen oder des Künstlers selbst geladen ist und als Verbindung dient, um den Worten eines Ahnen Gehör zu verschaffen. Hier in Tieke wechselte ich wieder einige Worte mit ihm und war dabei über das, was ich selbst sagte, erstaunt. Meine Worte entsprangen einer anderen Quelle, die sich später als plejadisch herausstellen sollte.

Das kam noch viele Male vor, wenn ich im Marae sprach und mich im Kreis meiner Maorifreunde befand. Solche Vorkommnisse weisen auf die Anwesenheit der Ahnen an diesen kraftvollen Orten hin. Ich teilte ihnen mit, der Stamm werde die Obhut des Landes nur dann behalten, wenn er seine Integrität wahren würde. Sich in Zorn und Wutausbrüche zu flüchten, wäre gleich dem Verlust von Energie und der Verminderung dieser Integrität.

Die Maori sind, historisch betrachtet, ein berühmtes Kriegervolk. Ihre kämpferische Neigung zeigte sich nun in einem sehr harschen Umgang mit Regierungsbeamten, von denen sie dadurch über kurz oder lang zur Räumung des Landes gezwungen worden wären. Meine Worte, von einer „Pakehafrau" an einen Maorikrieger gerichtet, wären unter normalen Umständen völlig inakzeptabel und unangemessen gewesen. Die plejadische Energie jedoch, die diese Worte hervorbrachte, machte sie unangreifbar.

Ich wusste nicht im Geringsten, warum ich das sagte, gleichwohl wurde es von Rangi positiv aufgenommen. Wie ich feststellte, bestanden zwischen uns sehr starke Verbindungen, diese spirituelle Reise betreffend, auf der es die Schranken zwischen unseren Völkern zu überwinden galt.

In der Stille des Waldes wartete ich auf das Schnellboot, das mich nach Pipiriki zurückbringen sollte. Als ich die anderen nach mir rufen hörte, nahm ich mein Bündel und lief zum Ufer hinab, wo die restlichen Passagiere bereits ihre Plätze im Boot eingenommen hatten. Der mit mir befreundete Krieger erwartete mich am Boot.

Während ich mich von ihm verabschiedete und das Boot bestieg, näherte sich uns von der linken Seite her ein Jäger, der eine schwarze und eine weiße Ziege an ihren Hinterbeinen heranschleppte. Beide waren enthauptet und die Szenerie machte einen starken Eindruck auf mich. Ich hörte die Worte: „Vor Zeiten wurden zwei Opfer dargebracht." An Rangi zu meiner Rechten gewandt, hörte ich mich sagen: „Aber heute gibt es kein Opfer?" „Nein", entgegnete er. Ich sagte Lebwohl und kletterte in das Boot, das mit dem Segen eines von den am Ufer stehenden Frauen gesungenen waiata ablegte.

Wovon hatte ich nur gesprochen? Ich konnte mich der Tränen nicht erwehren, als das Boot auf den Fluss hinausfuhr und beschleunigte. Visionen zweier weit zurückliegender Ereignisse traten in meinen Geist.

Damals hatten Rangi und ich an einem Opfer teilgenommen; die Erde brach in Stücke, und wir gaben uns die Schuld dafür. Ich empfing jedoch nur verschwommene Eindrücke. In einer der Visionen spielten große Felswälle eine Rolle, auf denen vor zwanzigtausend Jahren hochgewachsene, schlanke, heilige Männer Wache standen.

Innerhalb der Wälle wurde jungen Frauen die Kunst der Liebe gelehrt; da barst die Erde und der Ort wurde zerstört. Ich erkannte den Felsen als jenen wieder, den ich von der Höhle, zu der mich der Amerikaner geleitet hatte, am Lake Taupo aus gesehen hatte. Im Wasser des Sees und dem dahinterliegenden Felsen erblickte ich die männlichen und weiblichen Polaritäten.

Im zweiten Bild, das in mir aufstieg, fuhr ich in einem keltischen Wagen und traf auf die farbigen Völker, jedoch unter unglücklichen Umständen. Einmal mehr ging ich ein großes Risiko ein, betrachtete ich meine Stellung gegenüber diesem Krieger und dem gesamten Stamm. Irgendwie jedoch musste ich diese starken Bilder und Gefühle ausdrücken.

Bevor ich den Flughafen von Wellington in Richtung Sydney verließ, schrieb ich Rangi einen Brief, in dem ich in allen Einzelheiten die Visionen beschrieb, die ich empfangen hatte, und ihm erklärte, warum ich all jenes gesagt hatte. Bei unserem Treffen im darauffolgenden Jahr erzählte er mir, er habe meinen Brief wirklich verstanden.

8
Uluru – Das Rote Zentrum

Nach meiner Ankunft in Australien ging ich zunächst nach Glastonbell in den Blauen Bergen. Als erstes zog es mich zum Dreaming Rock. Manche Plätze in Glastonbell scheinen in der Lage zu sein, eine Verbindung zwischen einer Person und einem beliebigen Ort der Welt herzustellen.

Ich erlebte eine solche Verbindung mit dem Wolfe-Creek-Krater. Sie war so stark, dass ich ihn als die Pupille eines Auges wahrnahm, und dabei mein linkes Auge zu flimmern und zu schmerzen begann. Dieser Zustand verschwand auch nicht, bis ich meine diesen Krater betreffende Aufgabe erfüllt hatte.

Von Glastonbell fuhr ich heim, wo ich mich mit Freund Karsten, dem Didgeridoospieler auf meine nächste Reise einstimmte.

Ein Adler hatte mir einmal folgendes übermittelt: „Sieh durch das Auge des Adlers!" So nahm ich an, ich solle in das Auge des Adlers sehen, wie ich es schon zuvor getan hatte. Gleichwohl hatte sich meine Wahrnehmung in den Kopf des Adlers verlagert, sodass ich durch seine Augen sah und die tiefe Stille fühlte, die der Adler empfindet, wenn er in unmittelbarer Verbindung zur Quelle steht.

Als ich neben meinem Freund saß, sah ich mich selbst als einen goldenen Adler über eine Wüste fliegen. Ich blickte nieder und sah einen hochgewachsenen, schlanken, alten Aborigine im Sand liegen. Seine Füße waren bandagiert, er konnte nicht gehen. Haar und Bart waren weiß und er trug ein rotes Stirnband. Als er mich sah, hob er den feingliedrigen, schwarzen Arm und winkte mich herab. „Schnell, beeil dich!" Im Sturzflug verwandelte ich mich in Menschengestalt, aber ich hatte noch immer den Vogelkopf. Ich erkannte, dass Adler, Habicht, Horus und Thoth, Eule, Donnervogel und Phoenix als Symbole austauschbar sind und trat in eine Verbindung zwischen all ihren verschiedenen Zeiten ein.

Ich rieb die Füße des alten Mannes und er gab mir eine Schriftrolle in den Schnabel. Er bat mich: „Bring sie schnell zu deinen Freunden". Ich flog nordwärts und landete, wobei ich wieder halb menschliche, halb Vogelgestalt annahm. Ein anderer Aborigine erwartete mich.

Er nahm die Schriftrolle, las sie und drückte die Worte „Wissen verwandelt sich im Herzen in Weisheit," in goldenen Glyphen auf meine Brust. Dann beschrieb er mir drei Farben: „Das Blau des Himmels, der Kopf, die weißen Völker; das Rot des Sandes, die Wüste, die niederen Chakren, das Überleben, die Aborigines; das Grün des Landes, das Herz, die Maori." „Schnell", fuhr er fort, „überbring das deinen Freunden, mit denen du arbeiten wirst."

Durch diese innere Vision erkannte ich, dass es an der Zeit war, zum Wolfe-Creek-Krater aufzubrechen, wo ich mit Aborigines in Kontakt treten würde. Ich zog meine Karte zu Rate und suchte mir eine Buslinie über Alice Springs nach Halls Creek heraus. Das war schon eine kleine Reise, doch ich hielt es für ratsam, den Landweg zu wählen.

Ein Freund von mir fragte einen Bekannten in Alice Springs, ob ich während meiner Reise bei ihm übernachten könne. Er stimmte zu und als ich kurz darauf feststellte, dass ich auch Kata Tjuta besuchen müsste, telefonierte ich mit ihm, um zu erfragen, wie ich dort am besten hingelangen könne. Sein Vorschlag, einen Allradwagen zu mieten und in Motels des Urlaubsortes Yulara zu übernachten, schien mir eher unpassend. Es stellte sich heraus, dass er lediglich meinen Namen kannte und noch nicht wusste, weshalb ich in diese Gegend kam.

Ich erzählte ihm daraufhin, ich würde etwas für das Land tun wollen und mich vom Geist führen lassen. Er berichtete nun, wie zwei schwarze Medizinfrauen ihn gefragt hatten, wer sie besuchen möchte. Er konnte nur mitteilen, dass ich Anne heiße. Daraufhin trugen sie ihm auf, mir auszurichten, ich möge nach Uluru kommen und sie in Mutitjulu, der dortigen Gemeinschaft, treffen.

Als ich mit Tasche und Schlafsack den Überlandbus bestieg, wusste ich nicht, was mich erwarten würde, zumal ich mich noch nie aus den südlichen und östlichen Küstengebieten Australiens hinausgewagt hatte. Ich war noch immer keinem Aborigine persönlich begegnet, hatte jedoch jene Maorifreunde gefunden, mit denen ich fürderhin arbeiten sollte, und war in ihre Gemeinschaft aufgenommen worden.

Nun sollte der Kontakt mit den Aborigines hergestellt werden. Während weiterer sieben Jahre pendelte ich zwischen Australien und Neuseeland. Dieses Hin und Her hat sich mir bis heute erhalten, wenngleich auch auf einer anderen Ebene.

In einem Zustand gänzlicher Ungewissheit, aber voller Vertrauen und Hingabe kam ich eines sonnigen Nachmittags am Outback Pioneer Motel in Yulara an. Ich wählte die Nummer der Aboriginegemeinschaft von Mutitjulu, die ich von den Frauen hatte. Niemand nahm ab.

Im Motel fragte ich nach einem Taxi, das mich nach Mutitjulu bringen würde. Damals gab es dort noch Taxen. Dabei stellte sich heraus, dass ich nicht über die Erlaubnis verfügte, Aboriginegebiet zu betreten, und außerdem einen Passierschein brauchte, um den Nationalpark zu durchqueren.

Aufgrund der damals sehr strengen Gesetze hätte kein Taxifahrer es riskiert, mich ohne diese Erlaubnis mitzunehmen. Nach einer Tasse Kaffee rief ich nochmals an, wieder ohne Erfolg. Ich kehrte ins Motel zurück und bemerkte dort gerade rechtzeitig einen jungen Taxifahrer, der eben einen Kunden abgesetzt hatte. Nachdem ich ihm mein Anliegen vortrug, lehnte er kopfschüttelnd ab, da es für ihn zu riskant sei, mich nach Mutitjulu zu bringen. Stattdessen erbot er sich, um mich zum Ranger-Büro im Nationalpark zu bringen, um das weitere Vorgehen zu klären. Eine Lösung würde sich dort schon finden, denn immerhin hatte ich die Namen der beiden Medizinfrauen, die ich besuchen wollte.

Wir erreichten das Gebäude des Rangers ungefähr drei Minuten nach Feierabend. Weit und breit war niemand mehr zu sehen. Ich blieb ruhig im Auto sitzen und ließ den Geist die Sache regeln. Mein Fahrer sagte widerwillig, er würde mich zu den Aborigines bringen, gab jedoch zu bedenken, es könne ihn, mich oder wahrscheinlich uns beide $10.000 kosten, wenn man uns fasste, und wir würden die Nacht im Gefängnis verbringen.

Ich erwiderte, ich sei mir dessen bewusst und übernähme die volle Verantwortung, denn ich war mir sicher, die Ältesten und Rechtsbeauftragten von Mutitjulu würden über den Papieren des Weißen Mannes stehen, wenn es darauf ankäme. Seitdem hatte ich immer wieder die Gelegenheit, festzustellen, dass dem wirklich so war. Schließlich hielten wir vor dem Verwaltungsgebäude von Mutitjulu. „Hoffentlich hast du hier richtig gute Kontakte", meinte mein Fahrer. „Ich werde jedenfalls wenden und zusehen, dass ich Land gewinne." Er setzte mich ab, drehte um und machte sich aus dem Staub.

Als ich später den alteingesessenen Bewohnern des Ortes davon erzählte, rief das allgemeines Gelächter hervor. Man war über die Albernheit der Situation aber auch verärgert. Ich hätte ich ja meine Geschichte und die Namen auch erfunden haben können, um ohne Erlaubnis in das Gebiet zu gelangen und mich dort aus welchen Gründen auch immer herumzutreiben.

Vor dem Büro fragte ich eine Gruppe Teenager, die sich dort versammelt hatten, wo ich Kumbrei finden könne. Sie hielt im Bürogebäude ein Treffen mit den Ältesten ab. Jemand holte sie schließlich. Kumbrei war eine hoch gewachsene Frau von dunkler Hautfarbe; auf einem Auge erblindet. Ich war klein, weiß und schmal und hielt das eine schmerzende Auge nahezu geschlossen.

„Ich bin Anne. Kann ich hier bleiben oder nicht?", begann ich. Sie bat mich, einen Moment zu warten, um mir einen Stuhl zu bringen; sie wolle hineingehen und mit den Ältesten sprechen.

Einige Minuten, nachdem sie im Büro verschwunden war, kam sie wieder heraus und sagte mir, ich könne für eine Nacht bleiben.

Wir gingen zu ihrem Haus, wo sie mir ein Zimmer zuwies, das sie bereits bedachtsam für mich hergerichtet hatte. Sie musste zur Versammlung zurückkehren und ließ mich derweil einige Fotoalben ansehen. Ich erfreute mich der Gesellschaft ihres Onkels und ihres Tantchens, die mit im Haus wohnten, aber leider kein Englisch sprachen. Haar und Bart des alten Mannes waren weiß, er trug ein rotes Stirnband und konnte wegen seiner wunden Füße nicht aufstehen.

Kumbrei hatte mich gebeten, seine Füße mit einer Naturarznei der Maori einzureiben. Er war der Mann aus meiner Vision, der mir gesagt hatte, ich solle mich beeilen. Man sagte mir in der Aboriginesprache Skin, ich sei seine Schwester. Ich öffnete das Fotoalbum und sah mir die Bilder von Kumbreis Reisen nach Übersee an. Mehrere Fotos zeigten sie mit meinen Maorifreunden in Aotearoa. Es begann, sich eine Art Muster in diesem sonderbaren Plan abzuzeichnen.

Am Abend kam Kumbrei mit anderen Frauen, die alle T-Shirts mit der Aufschrift „Night Patrol" trugen, heim. Diese Frauen hatten es selbst in die Hand genommen, abends in der Umgebung Kontrolle zugehen und einzuschreiten, wenn junge Männer zuviel tranken. Alkohol war verboten und ein Hinwegsehen über diese Regel zog beträchtliche Schwierigkeiten nach sich.

Ich blieb alleine im Haus. Kurz nachdem ich zu Bett gegangen war, stürmte eine junge Frau ins Zimmer und rief, ihr Mann werde draußen bedroht. Wir sahen aus dem Fenster. Ihr Auto brannte, sie sagte weiter hinten seien ihre Eltern von den Betrunkenen zusammengeschlagen worden. Ich forderte die junge Frau auf, sich unter meinem Bett zu verstecken, während ich mich ruhig hinsetzte und so tat, als läse ich. Da wankten auch schon drei Männer herein, die völlig von Sinnen zu sein schienen. Der Anblick einer weißen

Frau im Bett schien sie jedoch dermaßen zu verschüchtern, dass sie erbleichten und sich Hals über Kopf zurückzogen.

Kumbrei kehrte mitsamt Freundinnen und einigen Teenagern zurück. Die Frauen schliefen auf Matratzen im Hauptraum wie sie das mit Vorliebe taten, und plauderten und scherzten bis in die Nacht, wobei meine Freundin für mich übersetzte.

Am nächsten Morgen erzählte mir Kumbrei, sie wolle mich zum Felsen, zu Uluru bringen. Ihr Haus befand sich in unmittelbarer Nähe zu Ayers Rock, der zum Greifen nahe schien. Sie fragte mich, ob ich auf den Felsen steigen wolle. Ich wollte nur seine Energie fühlen und als wir mit dem Geländewagen in sein Kraftfeld fuhren, wurde ich von ihr förmlich umgeworfen. Die Tränen rannen mir nur so übers Gesicht. Kumbrei nahm mich am Arm und sagte mir, wir würden Zeremonien besuchen, die an einem für Frauen heiligen Ort stattfinden und sich über drei Tage erstrecken sollten.

Nach einigen Tagen in Mutitjulu brachen wir eines Morgens auf und folgten der Docker River Road. Unser alter Landcruiser war vollgepackt mit Frauen, die Speisen von Kentucky Fried Chicken aßen, sowie mit Swags, Grabestöcken, Farbe, Verpflegung und Stäben zum Aneinanderschlagen beim Tanz.

Wir hielten kurz vor Kata Tjuta, dem zweiten Ort, den ich besuchen wollte. Ich hatte mir keine Vorstellung hiervon machen können. Ältere Frauen verschiedener Stämme kamen anlässlich der Zeremonien zusammen, wie man es seit Tausenden von Jahren tat. Physisch war es dort für mich fast unerträglich, denn der pochende Schmerz in meinem Auge nahm zu.

Das Auge trat nun in eine starke Verbindung mit der Energie des Wolfe-Creek-Kraters, der wie eine Pupille aussieht und auch als ein Auge zu anderen Sphären fungiert. Mich verfolgten diese Schmerzen, seit ich Sydney verlassen hatte. Schon während der Busfahrt hatte ich die meiste Zeit einen Kamillenteebeutel auf mein Auge gepresst, um das Druckgefühl zu lindern. Es war ein wirklich großartiger und machtvoller Anblick, meine Freundin unter dem Vollmond tanzen zu sehen. Hinter ihr ragte die Silhouette von Kata Tjuta in den Himmel. Kleine Feuer wurden entzündet.

Ich schätzte mich glücklich, in Australien zu leben, einem Erdteil, wo solche machtvollen Zeremonien abgehalten werden, um das Land und unseren Geist zu bereichern. Weder bin ich jedoch ermächtigt, über den Ablauf der Zeremonien zu sprechen, noch würde ich dazu in der Lage sein, denn zwischen uns wurde kein Wort darüber gewechselt, was genau wir taten. Meine Aufgabe bestand darin, mich der Energie zu öffnen, die mich tief hinunter in die Erde trug und mein Befinden noch negativer beeinträchtigte, als es mein Auge bisher getan hatte.

Nach Einbruch der Dunkelheit begaben wir uns zur Ruhe. Wir lagen in den Swags nebeneinander, während bis zum Morgen ein kleines Feuer zwischen uns brannte, um die Kühle der Septembernacht zu mildern. Eine Medizinfrau war zu Gange, eine stark nach Alkohol riechende alte Dame zu heilen, der es sehr schlecht ging.

Ununterbrochen betrat und verließ ich andere Ebenen während dieser Phase. Am folgenden Tag fragte ich meine Freundin, ob ich zu dem ausgetrockneten Flussbett wandern könne, das von wunderschönen roten Eukalyptusbäumen gesäumt war, denn diese spendeten mehr Schatten als die Salzmende.

Dieser, den Frauen heilige Strom, bildete eine der gerundeten Grenzen des Gebietes, in dem die Zeremonien durchgeführt wurden. Benommen stolperte ich durch die Wüste in Richtung des Flusses und ließ mich für einen Moment nieder, um in die Realität der Ereignisse zu finden, die ich erlebte.

War all das real? Tagsüber war es außerordentlich heiß und trocken und ich wünschte, es möge statt des heißen, roten Sandes Wasser in dem Flussbett sein. Ich fühlte, ich müsse von allen wegkommen, um bei Verstand zu bleiben. Nachdem ich genug Fassung und Ruhe erlangt hatte, kehrte ich zum Lager zurück. Weder ich noch die anderen verloren darüber ein Wort.

Als ich das nächste Mal einer Pause bedurfte, fragte ich meine Freundin wieder, ob ich zum Fluss gehen könne. Sie antwortete, das könne ich gerne tun, nur solle ich diesmal einen anderen Weg nehmen. Obwohl ich dort, wo ich entlanggegangen war, keinen Pfad erkannt hatte, war es jener gewesen, den die Frauen seit Tausenden von Jahren beschritten hatten, um sich in diesem heiligen Bezirk zu versammeln und Zeremonien abzuhalten. Ich befolgte ihre Bitte, ruhte mich eine Zeit lang am Fluss aus und kehrte zum Camp zurück. Wieder sagte man nichts. Als ich mein Anliegen zum dritten Mal vortrug, ersuchte mich Kumbrei erneut, einen anderen Weg zu gehen, denn ich hatte einen weiteren Pfad benutzt, auf dem Frauen seit Jahrtausenden zu diesem Ort kamen. Auf meiner dritten und letzten Wanderung saß ich lange Zeit am Fluss. Ich fühlte mich nicht mehr zu dieser Welt gehörig und mein Auge schmerzte fürchterlich. Dazu kam noch, dass ich in eine heftige Schwingung im Inneren der Erde einging, wobei ich mich ausgesprochen schlecht fühlte.

Endlich machte ich mich unsicheren Schrittes auf den Rückweg. Ich wollte nur noch zu der Welt zurückkehren, die ich so bereitwillig verlassen hatte. Als ich so ging, bemerkte ich Unmengen sich windender, durchscheinender rosa Schlangen, die vor mir über den Weg krochen. Sie verschmolzen mit dem roten Sand und wurden nur durch ihre aufgeregte Bewegung sichtbar. Meine geistige Tätigkeit hatte sich so sehr verlangsamt, dass ich mich kaum entsinnen kann, wie ich mir sagte, ich müsse aufpassen, damit ich nicht auf eine von ihnen trete. Dabei setzte ich meinen Weg durch das brodelnde Gewirr der Schlangen fort, was nahezu unmöglich war, mich aber nicht allzu sehr kümmerte.

Bei meiner Ankunft im Lager fragte mich meine Freundin, ob ich wilde Kamele gesehen hätte. In diesen Wüstenlandstrichen griffen nämlich bisweilen umherziehende Gruppen wilder Kamele Menschen an. Ich hätte nur Hunderte Schlangen gesehen, entgegnete ich. „Schlangen?", fragte Kumbrei sichtlich überrascht. Als wir uns im darauffolgenden Jahr in Neuseeland aufhielten, fragte ich sie, was diese Schlangen zu bedeuten hatten.

Ihre Antwort war eindeutig. Sie erklärte mir, ich sei auf dem Weg der Schlangenfrauen gegangen, deren Schlangentotem mein Adlertotem gegrüßt habe. Die Dinge, welche diese Menschen so beiläufig sagen, erstaunen mich immer wieder aufs Neue. Ich hatte fast gar nichts über mich oder meine Vorhaben erzählt, ganz zu schweigen von einem Adlertotem.

Bemerkenswert fand ich an meiner ersten Begegnung mit den Aboriginefrauen, dass ihnen meine Identität und Bestimmung unwichtig schienen. Alles für sie Wichtige erfüllten sie scheinbar. Ich lernte sie als erfrischend intuitiv kennen und empfand es als sehr angenehm, mich nicht mit den üblichen Begriffen erklären zu müssen. Wenn die älteren Frauen meine Freundin fragten, weshalb ich gekommen sei, führte sie einfach ihre Hand zum Herzen und übersetzte dann für mich, sie seien froh über meine Anwesenheit.

Auf der Rückfahrt nach Mutitjulu fühlte ich mich sehr schwach und erschöpft, auch litt ich weiterhin unter Schmerzen meines Auges. Im Krankenhaus gab die Schwester mir Tropfen für mein Auge, die aber erwartungsgemäß nicht anschlugen. Noch lag ein weiter Weg bis zum Wolfe Creek vor mir und ich hoffte, mein Auge würde heilen, wenn ich mit dem Geist des Kraters in Kontakt käme.

Häufig, wenn ich geomantisch arbeite, staut mein Körper die blockierte Energie des jeweiligen Ortes. Meine Freundin und ich fuhren mit einigen anderen Gemeinschaftsmitgliedern nach Alice Springs, wo ein befreundeter Arzt mir weitere Augentropfen mitgab, die ebenso wenig halfen.

9
Der Wolfe-Creek-Krater

Physisch und psychisch hatten mich das Zusammensein und die Rituale der Frauen von Mutitjulu erschöpft. Ich erkannte, dass ich einer Prüfung unterzogen wurde und ferner auch vieles lernte. Denn bevor ich das Energiefeld des Kraters betreten und meine Aufgabe erfüllen konnte, musste ich Kraft sammeln und mir darüber klarwerden, was ich vorhatte. Zu Hause hatte der Adler mir geraten, sehr vorsichtig zu sein, wenn ich nicht mein Leben riskieren wolle.

Ich schien eine Initiation durchlaufen zu haben, wobei mich weniger die Frauen als vielmehr die Geistwesen leiteten, welche mir diese Reise aufgetragen hatten. Später rief mich eine Maori vom Wanganui an, die mir erzählte, sie habe zu dieser Zeit einen Traum gehabt. In diesem, so berichtete sie, wanderte ich zur Mitte des Wanganui in Richtung einer Reihe von Ahnen der Aborigines, die mich aufmerksam beobachteten.

Die Energie war stark und fühlte sich gefährlich an. Dann erschienen hinter mir Ahnen der Maori und sagten den Aborigineältesten, nachdem sie diese auf die traditionelle Art gegrüßt hatten, sie hätten mir ihre Tore geöffnet. Die Aborigines gingen mir daraufhin entgegen, bis wir uns trafen und umarmten. Ich war mir ununterbrochen der Geistesgegenwart bewusst, die mich ergriffen hatte auf meiner Reise vorwärtsdrängte. Das ließ mich in Anbetracht meiner Aufgabe unbefangen und zuversichtlich sein, obwohl ich nie wusste, was mich als nächstes erwartete.

In Glastonbell hatte mich ein alter Aborigine durch geistige Botschaft wissen lassen, sie würden mir zu meinem Schutz zwei Krieger in Gestalt von Honigfresservögeln an die Seite geben, um mich zum Krater zu begleiten. Die beiden Vögel flogen seitdem in meiner Nähe und hielten sich mit mir in Glastonbell auf.

Sie waren anhand ihrer Energie und einer fühlbaren Verbindung leicht von ihren Artgenossen zu unterscheiden, wenn sie mir durch das Land folgten. Als ich nach Hause zurückkehrte, empfing mich schon weiter nördlich der Ruf zweier Honigfresser. Ich konnte mir sicher sein, dass sie nie weit entfernt waren. Damals schien Kumbrei jedoch zu spüren, dass die Aufgabe meine Kräfte, vor allem in physischer Hinsicht, überstieg. Als ich mir ein Busticket kaufte, fragte sie mich, ob ich die Heimreise antreten wolle.

Auf meine Antwort, es gehe nach Halls Creek und weiter zum Wolfe-Creek-Krater, machte sie mir klar, dass sie mich für verrückt hielt. Ich verabschiedete mich von ihr in Alice Springs. Viele Stunden später nahm ich den Kamillenteebeutel von meinem Auge ab und stieg an der Haltestelle von Halls Creek aus dem Bus.

Halls Creek bot zu dieser Jahreszeit einen trostlosen und verlassenen Anblick. Meine Finanzen waren sehr begrenzt, was meine Lage noch unangenehmer machte. Trotzdem begab ich mich zur Touristeninformation und erkundigte mich nach den Jeeptouren zum Wolfe-Creek-Krater, für die man sich hier anmelden konnte. Das schien der einzige Weg zu sein, dorthin zu gelangen. Allerdings fanden sich gerade keine anderen Touristen für diese Tour und natürlich war es nicht möglich, nur eine einzige Person rund fünfhundert Kilometer durch die Tanamiwüste zu fahren.

Man schlug mir die Rundflüge über die Bungle Bungles, einige andere Naturdenkmäler und über den Wolfe Creek vor. Das war vollkommen abwegig, denn für meine Energiearbeit musste ich mich schon auf die Erde setzen, statt über sie hinwegzufliegen.

Nachdem ich sämtliche Möglichkeiten durchgegangen war und festgestellt hatte, dass mir alle anderen Wege verwehrt blieben, fragte ich schließlich doch nach den Details der Rundflüge. Wieder stellte sich dieses Vorhaben als nicht realisierbar heraus, denn es waren keine weiteren Touristen anwesend, und ich hatte nur genug Geld für einen Sitzplatz, während mindestens fünf Teilnehmer erforderlich waren.

Notgedrungen kehrte ich zum Gästehaus zurück und leistete mir erst einmal ein kühles Getränk. Das Problem war, dass ich Tausende Kilometer angereist, und mein eigentliches Ziel unerreichbar blieb. Ich setzte mich ruhig nieder und fand mich mit der Situation ab.

Wer mit dem Geist arbeitet, kennt die Momente, in denen man sagt: „Na gut, es hilft nichts. Lassen wir den Geist wirken." Als ich an diesem Punkt angelangt war, kam plötzlich ein adretter junger Mann mit braunem Anzug, braunen Haaren, Sonnenbrille und apartem, feinen Lächeln auf mich zu.

Noch lange Zeit war ich über seine ungewöhnliche Erscheinung verblüfft und fragte mich, aus welcher Realität er aufgetaucht sein mochte. Er sagte: „Ich werde Sie bringen, wohin Sie wollen." Er erinnerte mich an den jungen Taxifahrer, der mich nach Mutitjulu gebracht hatte. Ich wolle zum Wolfe Creek, erwiderte ich. Unvermindert lächelnd forderte er mich auf, ihm zu folgen.

Gewissermaßen aus dem Nichts tauchte ein japanischer Tourist auf, dem, obwohl des Englischen nicht mächtig, es irgendwie mitzuteilen gelang, dass er ebenfalls mitkommen wolle. Wer weiß, was er sich unter dem Rundflug vorstellte. Das Folgende ist verschwommen und unwirklich. Wir gingen wie im Traum zu seinem Wagen und fuhren zu einem kleinen Flugzeug.

Niemand begegnete uns. Ich konnte mich auch nicht entsinnen, diesen Piloten im Büro gesehen zu haben, wo ich gerade eben ein deutliches Nein zu meinem Anliegen zu hören bekam. Ich wusste aber, dass Piloten, die gerade ihren Flugschein erworben hatten, oftmals schnellstmöglich die für bestimmte Qualifikationen nötigen Flugstunden erreichen wollten. Wirklich wichtig war mir all das nicht, da ich irgendwie zu diesem Krater gelangen wollte, und sich mein Vorhaben nun entgegen aller Widrigkeiten realisierte.

Der Japaner zwängte sich auf die Rückbank der kleinen Maschine. Ich setzte mich vorn neben den lächelnden Piloten. Wir sprachen kein Wort, während wir geradewegs zum Krater flogen und begannen, ihn im Uhrzeigersinn zu umrunden.

Ich zählte mit, wie oft wir ihn umkreisten. Wenn ich mich recht entsinne, waren es vierzehn Runden. Jedenfalls flogen wir daraufhin dieselbe Anzahl in entgegengesetzter Richtung, was einen Wirbel zu erschaffen oder zu öffnen schien. Mein ganzer Körper schüttelte sich aufgrund der mich hindurch fließenden Energie. Auch diesmal befand ich mich, wie meistens während solcher Vorgänge, in einem benommenen Zustand, der sich durch das schmerzende Auge noch verstärkte. Glücklicherweise gehörten meine Begleiter nicht der reaktionären Spezies an.

Aus der Vogelperspektive glich der Krater haargenau der Pupille eines Auges. Er war riesig; mit neunhundert Metern Durchmesser und fünfundfünfzig Meter hohen Wänden handelt es sich um einen der größten Krater der Erde. Die Aborigines Westaustraliens sagen, er rühre von zwei Regenbogenschlangen her. Als ich vom Flugzeug aus ein Foto des Kraters machte, erschien denn auch an seinem Boden ein kreisrunder Regenbogen.

Bevor wir uns auf den Rückweg machten, überflogen wir den Krater mittig. Da schlug ein großer Keilschwanzadler genau vor dem Piloten gegen die Frontscheibe der Maschine. Überall waren Blut und Federn. Zu meiner Überraschung reagierte der Pilot jedoch gar nicht. Dieser tapfere, gefiederte Bote warnte mich, weil die durch mich strömenden Energien so stark waren, dass ich zeitweilig erblinden würde. Jedoch sollte ich mich nicht sorgen, da dieser Zustand schon bald wieder vergehen werde. Durch mich hindurch wurde der plejadischen Energie ein Zugangspunkt zum Erdinneren eröffnet.

Gleichwohl war mir dessen Zweck nicht ersichtlich. Ich nahm an, die beiden jungen Männer – der Taxifahrer und der Pilot – waren vom Geist gesandt, wenn sie nicht selbst dem Geist zugehörten. Aber das ist nur eine Vermutung. Später, im Gästehaus, verließ mich tatsächlich das Augenlicht, und der Schmerz war fürchterlich. Die Blindheit verging jedoch nach einigen Stunden wieder.

Ich übernachtete in Halls Creek, bevor ich am folgenden Tag den Greyhound-Bus zurück in die relative Normalität nahm.

Etliche Tage und Nächte später kam ich Zuhause an der Ostküste von New South Wales an. Mein linkes Auge flimmerte immer noch und war zu meinem Verdruss noch weit von einer vollständigen Genesung entfernt. In diesem Zustand ging ich in unseren örtlichen Läden einkaufen und traf Bekannte. Dabei entdeckte mich eine Freundin, die mir sagte, sie sehe über meiner linken Kopfhälfte eine dunkle Wolke, die mein Auge bedecke.

Nachdem ich kurz vom Wolfe Creek erzählt hatte, lud sie mich in ihr Haus ein, wo sie versuchen wollte, etwas Heilung zu erwirken. Dort legte ich mich nieder und entspannte mich so gut wie möglich, um in die für solche Tiefenheilungen erforderliche Stille einzutreten. Meine Freundin stellte als erfahrene Therapeutin die richtigen Fragen, die uralte Erinnerungen aus meinem Unbewussten wachriefen.

Zu meiner Linken wurde ich dreier plejadischer Geistfreunde gewahr, denen drei Wandjinda zu meiner Rechten gegenüberstanden. Das waren die sechs geistigen Gefährten, die mit mir reisten, seit ich begonnen hatte, das Land zu durchwandern. Meine Schritte wurden leicht und schnell, wenn die Wandjinda frohgemut neben mir herliefen.

Ihrer Energie nach waren sie die innerirdischen Entsprechungen der plejadischen Energie. Sie erinnerten mich an den Grund, weshalb ich mich entschieden hatte, zu dieser Zeit zur Welt zu kommen. Des Weiteren arbeiteten sie mit meinem Körper, um den Druck und den Schmerz um mein linkes Auge herum zu beseitigen. Dann wurde ich meiner selbst als einem der Ahnenwesen aus einer anderen Welt bewusst, von denen die Aborigines in ihren Geschichten der Schöpfungszeit erzählen.

Ich hatte meine irdische Gestalt im Wolfe-Creek-Krater angenommen und war dorthin gekommen, um mit den dunkelhäutigen Völkern der Erde zu arbeiten. Ich mühte mich nach Kräften, meine Aufgabe zu erfüllen. Allein, mir fiel es schwer, die starke

Schwingung der Erde in meinem feinstofflichen Körper aufrecht-zuerhalten. Das Gefühl ähnelte dem, welches ich kurz zuvor bei den Zeremonien mit den alten Frauen nahe Mutitjulu erlebt hatte. Ich fühlte mich so krank, dass ich die Menschen mit dem Verspre-chen, wiederzukommen, verlassen musste.

Meine Zusage, zurückzukehren, hinterließ eine Gedankenform, die von einem geistigen Aboriginewächter jenes Kraters „verkör-pert" wurde. Meine Augenerkrankung war hartnäckig, ich fühlte immer noch eine Irritation, bis meine Freundin mir die Füße mas-sierte. Dann verstand ich, dass der Wächter, der diese Gedanken-form bewahrte, ein Teil meiner selbst war, den ich dort vor lan-ger Zeit zurückgelassen hatte. Als ich diese Energie mich errei-chen und in mich eintreten spürte, wurden wir wiedervereint. Das Auge fühlte sich normal an. Ich hatte viele Dinge außerhalb meines Blickwinkels gesehen. Ich war trotz aller Widrigkeiten zum Wolfe-Creek-Krater zurückgekehrt, und mein Auge war wie-der geheilt.

10
Pakaitore

Nahezu täglich erlebte ich tiefe, andauernde Zustände der Versenkung, die sich manchmal bis zu einer Dauer von fünf Stunden ausdehnten. Regelmäßig wurde mir Führung, Weisheit und Unterstützung der geistigen Welten zuteil und ich folgte hingebungsvoll meinem spirituellen Pfad.

Außer meinen Kindern war mir nichts mehr von Interesse oder Bedeutung. Ich hatte ein solch erfülltes, jede Erfahrung umschließendes Leben, wie ich es mir nur wünschen konnte. Nun konnte ich meine Reise von einer viel tiefgründigeren und reicheren Verständnisebene aus fortsetzen.

Durch das unmittelbare Verstehen der Gesamtheit eines solchen Entschlusses ist dieser wesentlich verschieden von alltäglichen Vorhaben. Man befindet sich buchstäblich auf einer Seinsebene, in der sich alles verflüchtigt und nur Leere übrigbleibt, damit man zu dem für diese Reise nötigen aufnahmefähigen Gefäß wird.

Es dauerte nicht lange, bis sich mein Partner verabschiedete, Haus und Geld sich in Luft auflösten und meine bisherigen Lebensansichten zusammenbrachen. Endlich mussten sich auch meine beiden Kinder in die neuen Lebensumstände finden.

Niemals habe ich auch nur für eine Minute den Lauf meines Lebens bedauert, auch wenn er viele physische, mentale und emotionale Herausforderungen mit sich brachte. Um meine finanziellen Mittel stand es zwar meist schlecht, aber sie genügten, um meine Bedürfnisse zu befriedigen und ermöglichten mir meine zahlreichen Reisen.

Glastonbell war für mich immer eine Quelle der Inspiration und der schöpferischen Kraft. Philip, der Eigentümer, stand mir stets mit hilfreichen Ratschlägen für meine Reise zur Seite.

Die Wesen, welche dort das Land bevölkern, konnten mir immer wichtige Auskünfte über den nächsten Schritt meines Weges geben. Glastonbell verfügt über besonders starke Verbindungen zu den Orten, die ich besuchte. Auch lernte ich in Glastonbell viel Neues über Geomantie und die bewusste Erfahrung des Landes.

Dieses wohl umhütete Land brachte mir bei, mich den Erdenergien zu öffnen und mit ihnen zu arbeiten. Seit Jahren versammelte man sich an jedem ersten Sonntag im Monat in der auf diesem Areal gelegenen Höhle „Linking Cave" und nahm meditativ mit all den Orten des Netzes von Kraftlinien Verbindung auf. So auch ich. Wir traten bewusst in dieses Netz ein und hielten die Stärke der Verbindungen aufrecht.

Am Abend konnte man auf den Sunset Rock steigen und den Frieden des Sonnenuntergangs hinter den Hügeln auf der anderen Seite der Schlucht genießen. Manchmal flog der Keilschwanzadler über uns und brachte Kunde aus den Welten jenseits des Schleiers.

Einmal saß ich still auf diesem Felsen und erhoffte Linderung von ungewohnten Kopfschmerzen, die mich schon den ganzen Tag über plagten. Als ich wieder zum Haus aufbrach, kam es mir in den Sinn, den Geist zu bitten, diesen Schmerz von mir zu nehmen. Während ich den felsigen Hang hinabsprang, flog eine kleine Bachstelze immer wieder um meinen Kopf herum. Ich blieb stehen und dachte, sie suche Haare, um ihr Nest zu polstern.

Es war nicht einfach, mir das Lachen zu verkneifen, als ihr Schnabel sanft meine Stirn berührte. Der Vogel versuchte jedoch nicht, an meinen Haaren zu zupfen, sondern flog kurz darauf zurück ins Buschwerk. Mit ihm verschwanden meine Kopfschmerzen vollständig und ich war dem kleinen Heiler dankbar.

Über dem Tal von Glastonbell erheben sich zwei riesige Sandsteinfelsen. Hier unterhielt sich der Dreaming Man oft mit Besuchern seines Dreaming Rock und seines Sacred Rock. Vielleicht war es jenes Wesen, das mir den nächsten Abschnitt meiner Reise erhellte, denn in seiner Nähe erhielt ich die Botschaft, Kumbrei mit nach Neuseeland zu nehmen und nach Tieke, dem Marae am Wanganui, zurückzukehren.

Diese neue Aufgabe klang klar und eindeutig. Mit der Logistik sah es schon anders aus. Ich war ausgesprochen überrascht, als bei meinem Anruf im zentralaustralischen Mutitjulu sogleich Kumbrei am anderen Ende der Leitung war. Nicht weniger erstaunte mich ihre umgehende Zusage, mit nach Aotearoa zu kommen. Freilich hätte ich mir all diese Fügungen schon denken können.

Wir trafen uns am Flughafen von Sydney und fuhren zum Haus eines Freundes in Maroubra, wo wir übernachten konnten. Es war eine schöne Zeit und Kumbrei verbrachte den Rest des Tages in der Garage, wo sie eines ihrer pointilistischen Meisterwerke in der Art der Aborigines malte.

Ein Problem ergab sich allerdings, als Kumbrei feststellte, dass ihre Handtasche leer war und sie weder Geld noch Ausweis oder andere Papiere bei sich hatte. Ich hatte nur ihr Flugticket und das für mich, das ein Freund liebenswürdigerweise bezahlt hatte. Unsere Maschine sollte in zwei Tagen gehen, weshalb wir uns am nächsten Morgen an das Meldeamt wandten. Kumbrei versicherte mir, der Frauenrat von Pitjantjatjara habe dem Amt ihr Geburtsdatum und alles weitere Erforderliche gefaxt, und wir müssten nur noch ihren Pass abholen.

Einige der im Meldeamt vor uns Wartenden waren außer sich, nachdem man ihnen keinen Pass hatte ausstellen wollen, weil eines der vielen Dokumente fehlte. Kumbrei hatte kein einziges mit sich, was ich nicht sehr ermutigend fand. Eine Reihe von Angestellten wurde gefragt, ob irgendwelche Dokumente für Kumbrei angekommen seien. Niemand wusste etwas davon.

Man rief den Frauenrat und das Verwaltungsbüro in Mutitjulu an, aber auch dort war eine solche Absprache nicht bekannt. Wir saßen es aus, wohlwissend, dass wir am nächsten Tag fliegen mussten, und überließen das Problem dem Kompetenzbereich der Beamten und des Geistes. Es gab nichts, was wir hätten tun können.

Kumbrei gab derweil vor, nicht Englisch sprechen zu können. Ich überlegte, ob uns die Antidiskriminierungsgesetze weiterhelfen könnten, denn schließlich werden die Wüstenbewohner oft bei ihrem Stamm und nicht in Krankenhäusern geboren, wodurch sie mitunter keinen Geburtsschein besitzen.

Stunden später saßen wir im Büro der Amtsleiterin, einer jungen und geschäftigen Asiatin, welche die Sache schnell verstand. Sie stellte eine behördliche Bescheinigung aus, auf der ich bestätigte, dass es sich wirklich um Kumbrei handelte, und vermerken sollte, wie lange ich sie kannte. Dass ich nur ungefähr eine Woche mit ihr verbracht hatte, führte aber lediglich zu einem leicht erstaunten Blick. Mit dem Ausweis bewaffnet fuhren wir zufrieden mit einem Sydney-Bus nach Maroubra zurück.

Am Flughafen von Wellington empfingen uns Moana, Tane und Rinia, die uns anschließend zu sich nach Wanganui chauffierten. Wir blieben jedoch nicht lange dort, denn die Maori bereiteten eine großangelegte Demonstration in den „Matoa Gardens" vor.

Dieser öffentliche Park im Stadtzentrum grenzt an die Regierungsgebäude und ist nur durch eine Straße und ein Bootshaus vom Wanganui getrennt. An diesem Ort, den die Maori Pakaitore nennen, trafen sich früher ihre Stämme, um kai - Nahrungsmittel und andere Produkte - zu tauschen.

Nun wollten die Ureinwohner diesen wichtigen, aber heftig umkämpften Platz zurückfordern. Mit behelfsmäßigen Materialien wie Holz, Plastik und Leinwand errichtete man schnell ein Schlafhaus, ein Esshaus und einen Versammlungsplatz, wie sie zu einem Marae gehören. Aus ganz Aotearoa waren Stammesvertreter nach Pakaitore gereist, um diese Kundgebung zu unterstützen. Manche hatten die Reise im Kanu zurückgelegt und an den Zwischenstopps weitere Gäste mitgenommen, um so symbolisch die Vereinigung der Stämme darzustellen.

Die Unzufriedenheit war so groß, dass sogar Stimmen nach Unabhängigkeit und Selbstverwaltung laut wurden. Meine Gastfamilie kümmerte sich um die Fragen der Sicherheit, der Verpflegung und um viele andere Dinge, die bei einem solchen großen Maoritreffen zu beachten waren. Musik und Unterhaltung gehörten stets zu den besonderen Aufgaben dieser ungewöhnlich begabten Familie, die damit das Gemeinschaftsgefühl der Stämme stärkte und den Versammelten Mut machte.

Das war nicht das einzige außergewöhnliche Ereignis, das uns auf unserer Reise widerfuhr. Das Wanganuigebiet erlebte am Tag unserer Ankunft sein stärkstes Erdbeben seit fünfzig Jahren, wobei das Dach unseres Familienhauses Schäden davontrug.

Rinia erwartete die Geburt einer Schwester für Kahu Rere Teitei und hatte sich vorgenommen, das Baby diesmal zu Hause zur Welt zu bringen. So wurde Bahia ganz natürlich auf einer Matratze im Gemeinschaftsraum geboren. Kumbrei durchtrennte die Nabelschnur des Pakaitore-Babys, während die übrige Familie und wir Gäste unseren Segen spendeten. Kumbrei und ich wurden hernach zu unseren Schlafstätten auf dem Boden des wharenui, des Schlafhauses in Pakaitore, geleitet. Wir verbrachten einen Großteil der folgenden Woche in diesem provisorischen Marae.

Diese Woche vermittelte mir einige der stärksten Eindrücke, die ich je erfahren habe. Kumbrei fühlte abermals, dass ich eines Schutzes bedurfte. Wir befanden uns inmitten einer Vielzahl von Maoristämmen, deren Beziehungen zu Pakehas nicht immer die besten waren und bis zur dezidierten Feindseligkeit reichten.

Wir fielen in der Menge als Australier auf – die eine groß und schwarz, die andere klein und weiß. Kumbrei hielt im sicheren Bezirk unserer Plätze im hinteren Teil des Schlafhauses ein Schutzritual mit mir ab. Sie wand rote Haarbänder um meinen Kopf und meinen Oberarm. Letzteres verknüpfte sie mit einem Band an ihrem Arm. Als sie in ihrer Sprache zu den Ahnen betete, stieg die feine Rauchsäule, die sich von einem Stein erhob, den sie mich halten ließ, zu den Ahnen empor, um ihren Schutz zu erbitten. Soweit zumindest verstand ich den Hergang.

Wenn ich mit Kumbrei arbeitete, sprachen wir nur wenig, und ich hatte nie Anlass, besonders neugierig nachzufragen. Kumbrei ist eine Rechts- und Medizinfrau, eine Ngangkari, die so mit den Energien arbeitet, wie es bei ihrem Volk Brauch ist. Gleichermaßen redete Kumbrei mir nie in meine Vorhaben hinein. Wir verstanden die Arbeit der anderen als multidimensional und wussten, dass wir bei unseren Zusammenkünften Instrumente eines höheren Zweckes darstellten. Das war das Schönste an unserer Beziehung zueinander.

So kam Kumbreis Schutzritual auch genau zur rechten Zeit. Obwohl ich mit einem Stamm, den Ngati Ruru, persönlich verbunden war, bedurfte es großer Anstrengungen, um nicht zum Ziel der allgemeinen Anti-Pakeha-Stimmung dieses Treffens zu werden.

Die Polizei umstellte derweil den Park und drohte mit Verhaftungen und Zwangsräumung. Aber auch Pakehas unterstützten die Demonstranten von außerhalb der Absperrungen. Dort hielten Friedensaktivisten Wache, da solche Versammlungen leicht zu Ausschreitungen führen können.

Eine andere Gruppe von Pakehas stand in einiger Entfernung auf einem Hochhaus, wo sie sich bei den Händen hielten, um gemeinsam zu helfen, den Frieden zu erhalten. Einmal nahm eine Maoriheilerin Kumbrei beiseite und bot ihr an, im Zelt ihrer Familie zu schlafen, damit sie nicht „mit dieser Weißen" übernachten müsse. Das war eines der unangenehmen Vorkommnisse, die Kumbrei hier widerfuhren.

Mit viel Fingerspitzengefühl und bestrebt, sie nicht zu beleidigen, erklärte sie der Heilerin, sie habe dort zu schlafen, wo auch ich schlief, da wir zusammen reisten.

Ein tragischer Moment, welcher die Versammelten erschütterte, war der Sturz eines Babys in den Springbrunnen des Parks. Es war so schnell geschehen, dass trotz der vielen anwesenden Menschen jede Hilfe zu spät kam. Manche sahen darin ein Opfer, aber kein gutes Omen. Mitunter schien der Fortgang des Protests auf Messers Schneide zu stehen.

Eines Nachts drangen Polizisten in das Camp ein und gaben an, man habe eine Bombendrohung erhalten, der nachgegangen werden müsse. Es wurde nie geklärt, ob es sich um eine Falschmeldung handelte oder nicht, jedenfalls fand man keinen Sprengsatz. Um kein Risiko einzugehen, bat Kumbrei einige von uns, einen Kreis zu bilden, während sie ein geflochtenes Haarband zur Hand nahm und es entzündete, um mit dem Rauch den Schutz der Ahnen zu erbitten. Sie sandte damit, so vermute ich, wohl auch dem Bombendroher einige Unannehmlichkeiten.

Ich war gern bei den Maori, die auch in schwierigen Situationen zu Späßen aufgelegt waren. Jeder Stamm wurde im Marae auf traditionelle Art empfangen. Die Willkommensriten und überlieferten Umgangsformen waren allen sehr wichtig und wurden nie vernachlässigt.

Wir trafen eine weitere von aboriginestämmige Frau. Ihr Name war Lucy. Sie hatte in Neuseeland geheiratet, wo sie schon lange Zeit lebte. Sie war erfreut, Kumbrei kennen zu lernen.

Lucy hatte ihre in Australien lebenden Schwestern seit dreißig Jahren nicht gesehen und konnte sie nicht mehr ausfindig machen. Sie gehörten der „gestohlenen Generation" an und waren von verschiedenen Familien adoptiert worden. Als sie mir ihre Namen nannte, kannte ich sie erfreulicherweise und wusste, wo sie wahrscheinlich zu erreichen waren. Denn eine war die bekannte Filmemacherin und Lehrerin Lorraine Mafi-Williams, die an der Ostküste lebte.

Dies war der Beginn einer langen Freundschaft mit diesen Schwestern, besonders als ich zurückkehrte und mich an der australischen Ostküste niederließ. Sie waren vollkommen überwältigt, von ihrer Schwester zu hören und endlich Kontakt mit ihr aufnehmen zu können.

Die Maori bringen Aborigines den größten Respekt entgegen, die, wie sie sagen, das älteste Volk der Erde sind. Die Anwesenheit Kumbreis faszinierte und ehrte sie über alle Maßen. Oft fragten mich unsere Gastgeber, ob sie sich wohlfühle und ob sie etwas für sie tun könnten. Kumbrei selbst war betrübt über viele der jungen Maori, die ihre Zuflucht in Alkohol und Drogen gesucht hatten. Auch die Suizidrate war hoch unter diesen Jugendlichen. Sie sah darin das Spiegelbild ihres eigenen Volkes nach dem Verlust von Land und Kultur.

Die Maori kämpfen schon lange um ihre Rechte und ihr angestammtes Land. Vor allem in jüngster Zeit konnten sie nach Jahren voller Rückschläge, große Fortschritte erzielen. Tieke und Pakaitore waren Teil dieses Aufbruchs.

Manchmal setzten Kumbrei und ich uns ans Flussufer, um uns für einen Augenblick aus der angespannten Situation zurückzuziehen und den Frieden dieses wilden Flusses zu genießen. Der Wanganui ist den dort lebenden Maori überaus heilig. Sie zählen ihn zu ihren Ahnen. Er ist ein Körper aus Wasser voller Lebenskraft. Oftmals führte man mich zum Fluss, damit ich mich mit den Ahnen beratschlagen konnte, die aus seiner rauschenden Tiefe zu mir sprachen.

An einem dieser Tage gingen Kumbrei, eine Großmutter der Maori mit einigen kleineren Kindern und ich zum Ufer. Die Kinder halfen, Kumbreis Farben, Pinsel und Leinwand zu tragen, denn sie wollte ein Bild als Geschenk für das Marae in Pakaitore malen. Wir saßen schweigend am Wasser, während die Kinder an einem kürzlich aufgeschütteten Uferabschnitt spielten. Einer der kleinen Jungen kam zu mir gerannt und hielt mir etwas entgegen, das er im Schlamm gefunden hatte.

Nachdem wir es im Fluss gesäubert hatten, stellte es sich als eine fein gearbeitete Knochenschnitzerei heraus, die einen männlichen und einen weiblichen Vogel darstellte, die in einem komplizierten Muster ineinander übergingen.

Das Bildwerk begann, in meiner Hand zu vibrieren und mir Worte zu übermitteln, die besagten, es sei an der Zeit, dass der Adler der Schlange begegne und ich mich zu einer Höhle am Wasserfall von Tieke begeben solle.

In jener Höhle lag ein Ahne begraben, der ein Stammesmitglied, das mich dorthin geleiten durfte, berufen hatte, mit ihm zusammenzuarbeiten. Es war Rangi, dem diese Aufgabe zufiel. Damals war er einer der selbsternannten Hüter Tiekes und übte einen großen Einfluss auf die Entwicklung der Siedlung aus.

Ich erfuhr, dass er die Schlangenenergie des Planeten Sirius und ich die Adlerenergie des Sternsystems der Plejaden repräsentierte, und diese Systeme begannen, sich aufeinander zu beziehen. Die spirituelle Botschaft musste nicht gänzlich von mir verstanden werden, es genügte eine ungefähre Ahnung. Ich fühlte, wie ich in den vertrauten Trancezustand verfiel, als ich diese Botschaft aufnahm, die ich den anderen aber erst zwei Tage später mitteilte.

An diesem Morgen erwachte ich sehr früh und der Geist bat mich, zum Fluss hinunterzugehen. Wieder sprach der Ahne zu mir. Seinen Worten nach sollte ich erst die Erlaubnis von Rangis Partnerin einholen, bevor ich ihm vorschlug, mit mir zusammenzuarbeiten. Dazu bot sich mir Gelegenheit, als seine Partnerin am Abend Kumbrei und mich besuchte, wir auf unseren Matratzen lagen und uns unterhielten. „Natürlich kannst du das. Du hättest mich deswegen nicht fragen müssen," antwortete sie.

Das stellte sich später als unwahr heraus, aber ich hatte getan, wozu mir geraten worden war. Obwohl Rangi es nie zugegeben hätte, waren wir durch eine höhere Verbindung aneinander gefesselt. Mit magnetischer Kraft zog es uns zur Schwingung des anderen hin, was sich schon früher bei dem Eingeborenentreffen in Ulladulla und auch jetzt hier in Pakaitore gezeigt hatte.

Für einen in seiner Kultur verwurzelten Maorimann stellte das keine annehmbare Situation dar, wohingegen ich daran gewöhnt war, sowohl mit Männern als auch mit Frauen spirituell zu arbeiten. Daher vermutete ich nicht, wir könnten dadurch einen Konflikt innerhalb des Stammes auslösen. Obwohl die Atmosphäre in Pakaitore energiegeladen war und Rangi wohlweislich mit den Sicherheitskräften zusammenarbeitete, hatte er öfter von sich aus mit mir über die aktuellen Vorgänge gesprochen.

Dabei kam er aber vor allem auf die Facetten der Spiritualität seines Volkes zu sprechen, die nur den wenigen bekannt sind, die an einer der Maorischulen ausgebildet wurden. Rangi vereinigte ein großes Erzähltalent und spirituelles Wissen der Maori in sich, das er auf eloquente Weise Interessierten vermittelte.

Über weite Strecken fiel es mir schwer, allem zu folgen, geschweige denn, viel davon zu behalten, da ich einzelne Aspekte eines Systems ohne den Gesamtzusammenhang erfassen musste. Mir war auch deutlich bewusst, dass eine polare Energie zwischen uns floss, mit der nicht einfach umzugehen war. Darauf hatte sich die Analogie des Adlers und der Schlange bezogen.

II
Huruharama (Jerusalem)

In Pakaitore verstand Rangi die Aufgabe, die ihm durch mich gestellt wurde, und nahm sie an. Es war ungewöhnlich, dass eine Weiße eine spirituelle Zusammenarbeit von einem Maorikrieger verlangte, bedenkt man vor allem die sehr angespannten Verhältnisse, in denen wir uns befanden. Beide spielten wir eine Rolle in dem zum Scheitern verurteilten Versuch, die Stammesgebiete der Maori wiederzuerlangen. Wie so oft, wenn das Wirken des Geistes sehr mächtig ist und die Energien ungemein stark schwingen, kam man um diese Herausforderung nicht umhin. Wir trafen uns einige Zeit darauf in Pipiriki, von wo aus das Boot die Familien nach Tieke brachte. Bis dahin schien alles noch recht unkompliziert.

Moana und ich folgten dem Flusslauf mit dem Auto. Puawai, eine Freundin, die hoch in den Hügeln über Jerusalem, in der Sprache der Maori Huruharama, zu Hause war, hatte mich zu sich eingeladen. Sie lebte in inniger Nähe zu ihren Ahnen und interessierte sich für die alten Wege des Geistes.

Sie wohnte mit ihrer Familie auf dem Land ihrer Vorfahren, von dem aus man hinunter auf den Wanganui und die kleine Siedlung Jerusalem blickte. Ihren Partner hatte ich bei meinem ersten Besuch in Tieke mit den beiden erlegten Ziegen gesehen.

Jerusalem ist in Neuseeland durch James Baxter bekannt. Der Dichter hatte in den 60er Jahren dort mit den Maori gelebt und sich für aktuelle Probleme und die Ureinwohner engagiert.

Nach meiner Ankunft aßen wir eine Menge Kastanien und berichteten uns von unseren Gefühlen und Erfahrungen, die wir mit dem Fluss verbanden, was damals eines der Hauptthemen war. Puawai bat mich, sie zum Urupa, den Grabhügel ihrer Ahnen zu begleiten. Sie hatte sich bereits überlegt, welche Orte sie mir während meines dreitägigen Besuches zeigen wollte, befragte aber sicherheitshalber noch einmal ihre Vorfahren. Die Alten rieten ihr, mir das Lernhaus des Ortes, das Marae ihrer Familie und das Grab James Baxters zu zeigen.

Zunächst kamen wir in das traditionelle Lernhaus wharekura, in dem die Zöglinge sieben Jahre lang die Maorikünste des tohunga gelehrt bekamen. Der tohunga war der Priester oder Medizinmann, der das höhere Wissen hütete, das für die Gesundheit und das Wohlergehen des Stammes wichtig war.

Im Lernhaus setzte ich mich gegenüber der Wand, an der zahlreiche Fotos der Vorfahren dieser wharekura hingen, nieder. Besonders fiel mir das Foto einer Frau in hiesiger Tracht auf, um die eine Fahne geschlungen war. Das Bild schien lebendig zu werden und eine Heilung zwischen mir und der Frau stattzufinden.

Die Fahne stammte aus der Schlacht von Matoa, einer Flussinsel bei Jerusalem, in der viele Menschen umgekommen waren. Es war eine besonders bittere Schlacht, da sich einige Stämme den britischen Truppen angeschlossen hatten, nun gegen ihr eigenes Volk kämpften und ihre Verwandten töteten, die das Land verteidigten. Eine solche Spaltung setzt sich leider bis heute fort. Der Pakehaname für Pakaitore ist „Matoa Gardens".

Einer Frau, die mich im wharekura gesehen hatte berichtete ich später von meinem Erlebnis. Sie war davon ganz überwältigt, denn sie war eine direkte Nachfahrin der Frau auf dem Bild. Als der Energiefluss zwischen dem Foto und mir nachließ und die Stille wieder in den Raum einzog, schloss ich die Augen und wurde geistig eines Kriegers gewahr. Er legte mir einen korowai über die Schulter und sagte, dass er sich über meine Rückkehr freue. Ich nahm diesen gewebten Umhang jedoch ab und dankte ihm für diese Ehre. Jedoch musste ich ihm erklären, dass ich mich ohne weitere Hilfsmittel, in diesem Falle ohne besonderen Schutz, bewegte, wie ich es schon der Frau am One Tree Hill gesagt hatte, als sie mir den geschnitzten tokotoko angeboten hatte.

Ich verstand das alles, als ich mich eines langen und stillen inneren Rückzugs entsann, den ich unternommen hatte, bevor ich mich auf diesen langen spirituellen Pfad begab. Während einer Meditation durchfuhr mich damals ein jäher Schmerz in der Brust, dem ein warmes, goldenes, heilendes Licht folgte. Ich vernahm die Worte: „Von nun an ist dein einziger Schutz das Licht."

Als ich einige Tage später auf einer Decke auf der Veranda lag, war mir, als würde sich meine Wirbelsäule unter furchtbaren Schmerzen ausdehnen. Diese Schmerzen wichen der Wärme eines goldenen Stabes, der mein Rückgrat hinaufglitt. Dazu vernahm ich die Worte: „Von nun an wird deine einzige Hilfe das Licht sein." Wie wahr waren doch diese Voraussagen für die folgenden Jahre! Deshalb gab ich in der geistigen und der körperlichen Welt heilige Stäbe, Umhänge, Jadesteine, Knochen, Haarbänder und alles zurück, an was die Stammesangehörigen als Schutz gegen mögliche Übeltäter im Körperlichen wie im Geistigen gewöhnt waren.

Sowohl Aborigines wie auch Maori sorgten sich um mein Wohlergehen, wenn ich ihnen von meiner Reise berichtete. Sie sahen, dass mir sämtliche Kenntnisse ihres Landes und ihrer Wege fehlten. So überreichte mir auch Puawai ein uraltes Stück pounamu aus ihrer Familiensammlung. Ich sollte es als Schutz bei mir tragen, wenn ich ihr Land durchwanderte.

Unsere nächste Station war das Marae von Puawais Familie. Nach kurzer Meditation und Ehrung der Ahnen verließen wir das Gebäude, wobei meine Freundin voranging. Ich sah einen Geist das Gebäude nach ihr verlassen und ihr auf die Schultern springen. Sie sagte, es sei ihr verstorbener Vater. Wir heilten danach diese Beziehung und konnten damit den Geist ihres Vaters nach einiger Zeit entlassen.

Schließlich besuchten wir das Grab James Baxters. Er war es, der geistig unbedingt eine Nachricht durch mich an Puawai weitergeben lassen wollte. Leidenschaftlich verkündete er, dass er mit dem Dreh des Films einverstanden sei. Er stellte nur die Bedingung, dass im Film deutlich werde, dass er etwas bewirken wolle und es nicht um kommerzielle Sensationsgier gehe.

Puawai erzählte mir später, in Jerusalem solle ein Dokumentarfilm über das Leben James Baxters entstehen. Die Nachricht veranlasste sie, sich verstärkt um die Authentizität der Reportage zu kümmern.

Als ich im Begriff war, Huruharama zu verlassen, erschien ein strahlend weißer Bogen aus Licht am Himmel, den wir fotografierten. Kevan und Puawai hatten mir in der Nacht zuvor ein wunderschönes Bad im Freien unter Mond und Sternen vorbereitet.

Ein Feuer wurde unter der Wanne entzündet, die bis zum Rand mit Wasser und duftenden Blättern des Kawakawa -Baums gefüllt war. Dieser Baum wächst überall in Neuseeland und liefert die Grundlage für einen Arzneitee, der inzwischen auch außerhalb seines Herkunftslandes weite Verbreitung gefunden hat. Er ist von alters her bei den Maori beliebt gewesen. Für den Geist war es unter diesen Umständen ein Leichtes, mit mir Verbindung aufzunehmen.

Ich erfuhr so, dass ich am nächsten Tag aufbrechen sollte und Rangi beim Marae-Treffen in Pipiriki wiedersehen würde. Dort sollte mir auch Mickey mit dem Schnellboot, der „Tieke Lady", wiederbegegnen. Ich würde Mickey außerdem Geld geben, sodass er Kumbrei und meine Tochter Elisabeth in der folgenden Woche den Fluss hinauffahren würde, damit sie sich mit mir zu treffen könnten.

Leider war unser erster Stop die Veranda eines Freundes von Kevan und Puawai in Huruharama. Während ich auf meinen Reisen immer nur Wasser trank, sprachen die anderen ausgiebig dem Bier zu. So sammelten sich immer mehr leere Bierdosen auf der Veranda und Puawai geriet langsam in einen zum Fahren weniger geeigneten Zustand.

Ich machte sie darauf aufmerksam, dass mir die Zeit davonlaufe, und bat sie, mich nach Pipiriki zu bringen, solange sie noch in der Lage dazu sei. Sie meinte, sie könne die Flussstraße mit geschlossenen Augen entlangfahren, was richtig sein mochte. Doch wollte ich unter den gegebenen Umständen nicht unbedingt allein die Probe aufs Exempel machen.

Zum Glück schritt Kevan ein, bevor Puawai vollends das Kriegerbewusstsein erreicht hatte, und fuhr mich selbst zum Marae von Pipiriki, wo ich Rangi traf. Ich besuchte solche Stammesversammlungen, wenngleich mein Weg vorwiegend spiritueller Natur war. Trotzdem war es immer von Nutzen, zu wissen, wie die Dinge politisch liefen.

Rangi und andere männliche Hüter der mittleren Abschnitte des Gebietes trugen weiße Stirnbänder und waren offensichtlich mit einer besonderen Aufgabe unterwegs. Rangi sagte mir, er könne nicht mit mir kommen, da er verpflichtet sei, einiges mahi zu tun.

Mahi bedeutet Arbeit. Es wird im Sinne spiritueller und politischer Betätigung oder einer gemeinschaftlichen Verpflichtung verwendet.

Ich war überrascht und enttäuscht, dass Rangi nicht mitkommen konnte. Natürlich gab ich ihm nicht die Schuld daran, nur hatte ich diesen Auftrag unmittelbar vom Geist empfangen. Die Sache schien keinen Aufschub zu dulden. Meine Aufgabe, „die Schranken zu überwinden" und dabei mit den Maori zu beginnen, stellte sich als mitunter ungemein schwierig heraus.

Das lag sowohl an den Energien, die in mir waren und die durch mich wirkten, als auch an den politischen Spannungen und Rassenvorurteilen, welche damals überhand nahmen. Eine jede dieser Hürden brachte das Ganze nahe ans Scheitern. Trotz allem setzte ich meinen Weg den Fluss hinauf fort, der mich immer wieder in andere mystische Welten führte.

Meine Zuneigung gegenüber den Maori, den Aborigines und ihren Ahnen wuchs noch durch das besondere Gefühl überschäumender Liebe, welches von dem Land ausging, das von ihnen durch die fortwährende Verbindung zwischen den physischen und spirituellen Sphären seit Jahrtausenden gepflegt wurde. Sind andere Aspekte auch kritikwürdig, so ist doch ihre Erfahrung darin, sich mit diesem Land innerlich zu verbinden, nicht anzuzweifeln.

Tieke und Rabbit Flats

Es war immer eine Freude, das Ältestenpaar Larry und Maree Ponga, Nachfahren des Ahnen Tamahaki, die sich dem Schutz des heiligen Landes von Tieke an den Ufern des Wanganui gewidmet hatten, wiederzusehen. Dort fanden sich Spuren des früheren pa, eines Dorfes, und aufrecht stehende Steine bezeichneten die Gräber der Vorfahren auf dem Urupa.

Oft besuchte ich Larry und Ma in Tieke, stellte ihnen Freunde vor und weilte viele Stunden in ihrem anderen Haus in Raetihi. In ihrer umstrittenen Rolle hatten sie es geschafft, auch in schwierigsten Zeiten an spirituellen Wegen festzuhalten und mein Werk jederzeit zu unterstützen.

Ohne sie und andere dort ansässige Freunde hätte ich meine vom Geist übertragene Aufgabe nie erfüllen können. Wenn ich das Land durchwanderte, mich mit ihm verband und mit seinem Geist arbeitete, wurde mir das doch alles nur durch dessen Hüter ermöglicht. Auf diesem Weg konnten langsam Barrieren beseitigt, manchmal aber auch frustrierenderweise neue errichtet werden.

Ich übte mich weiter darin, nichtreagierend zu leben und dem Geist zu vertrauen. Die Pongas akzeptierten mein eigentümliches Verhalten und nahmen es sogar oft zum Anlass von Heiterkeit. Larrys Humor war ein Musterbeispiel des gewitzten Scharfsinns, den Maori an den Tag legen, wenn sie Personen oder Ereignisse beobachten. Sie kommen auf bestimmte Begebenheiten immer wieder in Erzählrunden zu sprechen, ohne dass diese dabei an Witz einbüßen. Zweifellos erhellten sich mir dadurch viele Dinge.

Larry und Ma beteiligten sich an einem Regierungsprogramm, für welches sie junge Mitglieder ihres Stammes, die mit dem Gesetz in Konflikt geraten waren, zu sich nach Tieke holten. Dort wurde ihnen vieles über ihre Kultur beigebracht, auch standen sie unter Obhut und Aufsicht, um von Drogen und Alkohol ferngehalten zu werden.

In Entzugserscheinungen, Verzweiflung und Zorn gingen die jungen Leute gern ans Flussufer, das bedrängten Herzen Frieden bot. Ich sah, wie sich viele dieser jungen Menschen über die Jahre hinweg wandelten. Manche aber starben vor ihrem zwanzigsten Lebensjahr, während andere erneut ihrem alten Leben auf der Straße verfielen und vergangene Erlebnisse nicht überwinden konnten.

Trotzdem waren die jungen Leute gut gelaunt und überaus interessiert an allem, was mit Heilung und Geist zusammenhing. Sie vertrauten sich mir als Außenstehender über die Gewalt und die entsetzlichen Umstände an, die sie in ihren jungen Leben schon hatten erfahren müssen.

Ihre Geschichten waren kaum zu glauben, doch diese Jugendlichen beeindruckten mich durch ihre Offenheit und ihre liebevolle Natur, die sie sich trotz ihres schweren Lebens bewahrt hatten. Einer von ihnen wanderte mit mir zum höchstgelegenen Punkt über Tieke, um mir seine Geschichte zu erzählen. Es bedurfte einiger Stunden, sie in kurzen Sätzen wiederzugeben. Dann unterbrach er sich, bevor er sagte: „Es wurde noch schlimmer." Über seine schlimmsten Erfahrungen konnte er nicht sprechen, stattdessen schrieb er sie mit einem Stock in die Erde.

Eines Nachts, als ich mich zu meinem Zelt begab, fand ich dort zwei zusätzliche Matratzen vor. Sie gehörten zwei jungen Frauen Anfang Zwanzig. Eine trug ein buntes, geflochtenes Band um ihr Handgelenk, das sie von meinem Rucksack gelöst und mit einem von ihr selbst gefärbten schwarzen Band ersetzt hatte. Sie bat mich, mir ein Gedicht vorlesen zu dürfen, das sie geschrieben hatte. Ich habe selten so ergreifende Verse gehört wie diese.

Sie hatte sie vor einem Jahr für ihre Schwester geschrieben, die von ihrem Freund totgeprügelt worden war, der daraufhin mit seinem Auto in den Tod raste. An diesem Tag jährte sich der Tod ihrer Schwester zum ersten Mal. Deshalb hatte sie das schwarze Band, das sie seit damals trug, gegen mein buntes ausgetauscht.

In Erwartung der Ankunft Kumbreis und meiner Tochter Elisabeth zog es mich täglich an einen bestimmten Ort, an welchem der Geist sich mir mitteilte. Zahlreiche Falken näherten sich mir dort und flogen dann zu einer Bergkuppe, um mir zu zeigen, wohin ich gehen sollte.

Der Gipfel erhob sich hoch über dem Wald und mir wurde klar, dass ich ohne Führer nicht weiterkam. Einmal mehr sollte dort eine archetypische, vereinigende Energie gefestigt werden. Wenn die Energien mehrerer Kraftorte zusammengezogen und in einem Punkt verankert werden, lassen sich mit diesen Kräften die Frequenzen für die neue Erde ändern.

Als weder Kumbrei noch Elisabeth auftauchten, teilte ich der Familie in Wanganui mit, ich habe bereits ihre Herfahrt bezahlt und mit Mickey abgemacht, sie von Pipiriki aus nach Tieke zu bringen. Von ihr erfuhr ich, Kumbrei wohne derzeit bei der Maorifrau, die bei unserer Demonstration nicht wollte, dass Kumbrei „bei dieser Weißen" schlafe.

Elisabeth hatte sich gerade von einer Grippe kuriert, sie würde bald nach Pipiriki kommen. Ich freute mich darauf, sie endlich wiederzusehen. Sie würde die Gesellschaft so vieler junger Leute in Tieke mögen und die Bitte, welche die Ahnen auf meiner ersten Reise an mich gerichtet hatten, meine Kinder mitzubringen, wäre dann auch erfüllt.

Larry und Ma sagten mir, das Gebiet, welches die Falken mir gewiesen hatten, seien die Rabbit Flats, ein Farmland oberhalb Tiekes „Wachturms". In alter Zeit hatte man von diesem erhöhten Plateau aus die Kanus beobachtet, die den Fluss nach Tieke herunterfuhren oder mittels Stangen, welche in die Uferbänke gegraben worden waren, flussaufwärts gezogen wurden.

Ein Falke flog uns warnend voraus. Drei blaue Wesen, die sich als plejadisch vorstellten, arbeiteten mit mir und durch mich. Sie wollten an dem Punkt, an den sie mich sandten, eine bestimmte Energie verankert haben, die der Erdtransformation diente.

Ich hielt mich seit jeher davon ab, zuviel über diese Dinge nachzudenken. Vielmehr ließ ich mich in einem tranceartigen Zustand führen, denn ich hatte mich entschieden, für den Geist, die Heilkräfte und den Wandel der Erde zu wirken.

Zwei Ortskundige führten mich zusammen mit einem Jungen und meiner inzwischen angekommenen Tochter zum angegebenen Platz. So begannen wir unseren Aufstieg durch den nasskalten und geisterhaften neuseeländischen Wald.

Der Weg war sehr steil und oft waren wir gezwungen, uns vorsichtig auf schmalen und rutschigen Simsen vorwärts zu bewegen, die von wilden Ziegen oder Schweinen ausgetreten worden waren. Wenn ich während der Pausen mit geschlossenen Augen dasaß, sah ich viele Geistwesen, die alle eine blaue Färbung hatten.

Als ich blaue Delfingeister an mir vorbeischwimmen sah, zeigte meine Tochter auf versteinerte Muscheln, die an mehreren Stellen sichtbar waren, an denen die Erde vom Felsen gespült worden war. Sie mussten sich seit Jahrtausenden dort befinden und bargen viele Geheimnisse einer vorzeitlichen Meereswelt. Offenbar waren die Delfine geistig an diesen besonderen Ort zurückgekommen, um uns willkommen zu heißen.

Schließlich erreichten wir eine Lichtung und traten auf ein grasbewachsenes Plateau hinaus, das von Tieke aus nicht sichtbar war. Dieses Land gehörte einem weißen Farmer und die Maori, die noch immer von vielen als Bedrohung angesehen wurden, hatte man gewarnt, dieses Gelände zu durchqueren, um nicht als Eindringlinge erschossen zu werden.

Ohne uns jedoch viel darum zu kümmern, setzten wir uns unter einen Baum und holten Sandwichs und Getränke hervor, die wir als Mittagessen mitgenommen hatten.

Ehe ich allerdings dazu kam, etwas zu essen, zog es meinen Körper an einen Punkt zu unserer Rechten, wo einige große Bäume standen. Als ich mich unter einen dieser Bäume setzte und mich mit meinem Rücken an seinen Stamm lehnte, trat ich schon in Trance. Gleich darauf begann mein Körper mehrere Minuten lang ähnlich wie bei einem Stromschlag heftig zu zittern, während die machtvollen Energien durch mich hindurchgeleitet wurden.

Nach solchen Erlebnissen befinde ich mich immer in einem friedvollen Zustand. Als ich nun meine Augen öffnete, sah ich zwei wilde Paradieskasarkas zu meinen Füßen.

Sie begegnen einem immer zu zweit, ein Männchen und ein Weibchen, die im Flug ihre je eigenen Laute von sich geben. Für mich drücken sie dadurch sehr schön den Begriff der Einheit aus. Es ist traurig, einen von ihnen allein zu sehen. Denn dann ist höchstwahrscheinlich sein Partner gestorben und er ist praktisch verloren.

Als sie davonflogen und ich ihnen nachsah, erschien ein großes blaues Gebilde, das wie eine Fliegende Untertasse aussah. Daraus kletterten meine drei blauen Freunde aus dem Reich der Plejaden. Sie lächelten, beglückwünschten mich und freuten sich. Vielleicht sollte damit bekräftigt werden, dass ich mit dieser Aufgabe nicht allein war.

Eine weitere Ermutigung, die ich von Zeit zu Zeit bei dieser Erdenarbeit erhielt, war das Erscheinen eines Regenbogens, zusammen mit einigen Regentropfen und oftmals mit einem Falken oder Adler. Manchmal trat ein plötzlicher Wetterumschwung ein, es windete heftig und Gewitter zogen auf.

Auf diese Art spricht der Geist zu vielen, die bewusst auf Erden wandeln, geomantisch wirken und mit dem Geist des Landes arbeiten. Ich fühle mich dadurch immer sehr geehrt, gerade nach den Anstrengungen, die das Erfüllen einer solchen Bitte oftmals mit sich bringt, zumal wenn man ohne genaue Vorstellungen über die Sache daran geht.

Die Männer hatten lange Stäbe mitgenommen, mit denen wir an manchen Stellen von einem Absatz des Steilhanges zum nächsten springen mussten. Der Abstieg gestaltete sich nicht einfacher als der Aufstieg. Wir waren alle ziemlich erschöpft, als wir ins Lager zurückkehrten.

Das Abendessen stand schon für uns im großen, mit Leinwand ausgekleideten Speiseraum bereit. An einem Ende des Raumes befand sich eine große offene Feuerstelle samt Schornstein. Zwei mit Wasser gefüllte Fässer, ein jedes mit einem Hahn versehen, hingen stets über dem Feuer. Die Glut eines separaten kleineren Feuers wurde zum Braten und Grillen benutzt. Neben diesem Feuer, das immer aufrechterhalten wurde, stand eine Gaskochstelle.

Jeder half bei der Zubereitung des Essens und beim Abwaschen. Dieses System funktionierte ausgesprochen gut, wodurch trotz aller äußeren Widrigkeiten im Speiseraum immer eine herzliche und vergnügte Atmosphäre herrschte.

Vor dem Essen stellte sich Larry jedesmal vor das Feuer und segnete, den versammelten Menschen zugewandt, die Speisen. Nach der Mahlzeit nahm er wieder diesen Platz ein und entbot ein karakia zum Dank an die Ahnen, bevor er sich eventuell anwesenden Gästen vorstellte, ihnen sein Gebet übersetzte und alle am Herd Tiekes willkommen hieß.

Dem karakia folgte eine Vorstellungsrunde und man teilte sich Gefühle und Erfahrungen mit oder was immer Gästen und Gastgebern am Herzen lag. Wenn die Anwesenden der Reihe nach sprachen, hörten die anderen gespannt zu; sie fühlten die Anwesenheit der Vorfahren, die sich hier vor langer Zeit ebenso versammelt hatten.

Nach den Begrüßungen und Gesprächen dieses Abends gesellten wir uns zu der Gruppe von Gitarrespielern und Hütern des Feuers, die sich bei Kerzenlicht und unter dem Sternenhimmel an der Schwitzhütte versammelt hatte. Nach unserer beschwerlichen Wanderung waren wir müde, aber auch sehr glücklich. Die Schwitzhütte war genau der richtige Ort, um sich bei der von draußen hereintönenden sanften und bezaubernden Musik der Gitarren und Sänger zu entspannen. Die Mühen, die diese Aufgaben mit sich brachten, wurden überreich belohnt.

Am nächsten Tag traf eine von Karina geführte Gruppe von Frauen in mehreren wakas, den dortigen Kanus, in Tieke ein. Bevor man sich mit den Kanus auf den Fluss hinausbegibt, wird stets ein Segen für die Reise erbeten und ein Farnwedel am Steuer befestigt. Manchmal wird ein Seemuschelhorn geblasen oder ein karanga oder ein besonderes waiata für die Gäste gesungen, während die Kanus dem Blick entschwinden. So hielt man es seit jeher. Karina, die den Fluss in- und auswendig kannte, geleitete ihre Gruppe flussabwärts und lehrte sie, mit der Erdmutter zu arbeiten.

Wie nach jedem Abendessen wurde draußen vor der Schwitzhütte das Lagerfeuer und Kerzen entzündet. Als sich drinnen einige Leute zusammengefunden hatten, kamen Karina und die anderen Frauen dazu, womit die Aufnahmekapazität erschöpft war.

Eine der Frauen mußte die Hütte wegen ihres Asthmas wieder verlassen. Karina bedeutete mir, hereinzukommen und mich ihnen anzuschließen. Angesichts der vielen Anwesenden, welche die Schwitzhütte besuchen wollten, war es ein Privileg, sie zwei Abende hintereinander nutzen zu dürfen.

Es schien damit aber seine Bewandtnis zu haben und stellte sich auch als richtig heraus. Während die anderen sich über ihre Erlebnisse auf dem Fluss unterhielten, saß ich ruhig dabei, da ich es vermeiden wollte, mich in ihre Gruppenerfahrung zu drängen. Als Karina begann, ihnen von einer blauen Energie zu erzählen, die sich manchmal in Tieke zeigte, berichtete ich ihnen, was ich damit erlebt hatte.

Karina freute sich darüber, da ihre Großmutter Kitty kürzlich mit einigen anderen amerikanischen Ureinwohnern Tieke besucht hatte. Dabei hatten sie ihre Gastgeber gebeten, sie zu jener Bergkuppe zu geleiten, auf die ich an diesem Tag gestiegen war, um dort Energien herabzuziehen und nach ihrem Brauch zu fixieren, weil an diesem Ort eine Schwitzhütte gebaut werden sollte.

Ich wusste nie genau, ob alles, was mir in Aotearoa gesagt wurde, der Wahrheit entsprach. Ich will es auch nicht herauszufinden. In dem Zustand, in dem ich mich befand, war ich mir nie sicher, aus welchem Bereich die Worte stammten, die ich hörte, immer aber haftete den Dingen ein Zusammenhang an, der sie zu einem sinnvollen Werden verflocht.

Am folgenden Tag bestiegen Elisabeth und ich das Schnellboot zurück nach Pipiriki, wo wir mit Moana vereinbart hatten, uns zu treffen. Sie kam zusammen mit Kumbrei und die Atmosphäre lastete bleiern auf uns. Sämtliche Schranken, die ich überwinden sollte, schienen sich in meiner Abwesenheit verhärtet zu haben. Sowohl Moana als auch Kumbrei trugen schwer daran.

Wir folgten weiter der Flussstraße und hielten in Matahiwi, einem ausgesprochen friedvollen Marae, und unternahmen einen Spaziergang zum Fluss. Ich erlaubte den anderen beiden Frauen, vorauszugehen und am Ufer beieinander zu sitzen, während ich oberhalb auf der Böschung unter einem Baum wartete.

Nach kurzer Zeit nahm Moana mich beiseite und erklärte mir, Kumbrei habe ein Problem mit mir oder meiner Einstellung. Ich wusste sehr wohl, dass Moana es war, die ein Problem mit mir hatte, vorwiegend wegen der mitunter vorhandenen Abgrenzung der Stämme nach außen hin. Auch war klar, dass in meiner Abwesenheit erregte Diskussionen über Weiße stattgefunden hatten.

Bedenkt man die Enttäuschungen und Erniedrigungen, welche die Maori im Zuge des Streites um Pakaitore und andere Gebietsfragen zu dieser Zeit erfahren hatten, verwunderte das nicht. Letztlich mussten diese Empfindungen aufwallen und Ausdruck finden, ehe eine Heilung zwischen uns stattfinden konnte.

Zu Hause erfuhr ich, dass manche Angehörige Kumbreis und Moanas sie wegen ihres Umgangs mit einer Weißen getadelt hatten. So war einige Verwirrung entstanden. Als uns Moana einmal verließ, um in die Küche zu gehen, klagte Kumbrei über Kopfschmerzen, eine Familienkrankheit, und bat mich, etwas Heilung zu erwirken.

Während ich ihren Kopf massierte und heilende Energie durch meine Hände fließen ließ, schlug ich ihr vor, Probleme mit Weißen mit mir anzugehen, denn dafür war ich ja da.

Sie erwiderte, sie habe kein Problem mit mir, schließlich seien wir Tausende Jahre lang unseren Weg gemeinsam gegangen, die anderen redeten aber...

Da verschwand ihr Kopfschmerz. Die Maoriheilerin in Pakaitore wollte, dass Kumbrei in ihrem Zelt schliefe, hatte sie bei sich zu Hause untergebracht, weshalb es Kumbrei nicht möglich gewesen war, nach Tieke zu kommen. Ich bedauerte, dass ihr ein Besuch dieses besonderen Ortes entgangen war, aber sie hatte einige angenehme Tage mit Moana verbracht.

Wahrscheinlich gingen zu dieser Zeit aus einigen Gemeinschaften strikte Anweisungen an Rangi, nicht mit mir zu arbeiten. Von anderen, welche die Vorgänge und die Gründe, weshalb ich gesandt worden war, zwar nicht vollständig verstanden, aber doch begrüßten, wurde ich jederzeit nach Kräften unterstützt.

Ihre Redner sprachen das whakapapa, eine Genealogie, die bis auf die Sterne einschließlich der Plejaden zurückreicht und in einer uralten Schrift über die Schnitzkunst festgehalten ist. Was ich ihnen sagte, war für sie also nicht ungewöhnlich. Trotzdem traf ich nicht auf sofortige Akzeptanz, da zu dem weitverzweigten Stamm auch einige Mitglieder mit radikalen Ansichten gehörten.

13
Das Geschenk des Steins der Großmütter

Kumbrei, Elisabeth und ich flogen zurück nach Sydney, wo Elisabeth sich stärker ihrem Vater zuwandte, der sie großgezogen und zu dem sie ein enges Verhältnis hatte. Kumbrei und ich übernachteten wieder in Larras Haus in Maroubra.

Larra ist eine junge, hochbegabte Künstlerin. Sie wollte mit uns nach Glastonbell in den Blauen Bergen kommen. Am folgenden Tag nahmen wir den Zug in Richtung Bell. Da wir in Katoomba umsteigen mussten, setzten wir uns in der Art der Aborigines auf den Bahnsteig, unterhielten uns und verpassten den Anschluss. Wir mussten ein Taxi nehmen. Außer mir hatte niemand Geld bei sich und der Fahrer veranschlagte $50. Das entsprach genau dem Inhalt meines Portemonnaies.

In Glastonbell hielten sich gerade viele Besucher sowohl aus Übersee als auch aus Australien auf. Es war schön mit so vielen Menschen, die gleiche Interessen teilten, am Lagerfeuer zu sitzen und zu plaudern. Kumbrei genoss große Aufmerksamkeit und wurde von mehreren Gästen massiert. Sie mochte das Land sehr und das Land schien erfreut zu sein, sie zu haben.

Am nächsten Tag leitete Peter Fuller aus England zusammen mit einigen anderen eine Zeremonie in einer der Höhlen bei Glastonbell, während Kumbrei, Larra und ich über ihnen auf einem Felsen saßen und sangen.

Später im Haus griff Kumbrei in ihre Tasche und zog ein kostbares Objekt hervor. Es war ein geschwungener, muschelähnlicher Stein in Form einer versteinerten Eidechse. Er sah uralt aus und es war nicht leicht zu erraten, um was es sich handelte. Sie legte ihn vorsichtig in meine Hand und erzählte, er habe schon ihrer Urururururgroßmutter, die eine Medizinfrau war und ebenfalls das Land durchwandert habe, gehört.

Ich sollte ihn bekommen, fuhr sie fort, weil ich nun diese Rolle übernommen habe. Das machte einen ungeheuren Eindruck auf mich. Ich hätte nicht gedacht, dass eine so starke Verbindung zwischen mir und den Ahnen der Aborigines bestand. Im Geist sind die Ahnen gewiss mit uns. In diesen letzten zehn Jahren haben sie mich auf meinem Weg geführt.

Als ich in Ruhe den Stein in Händen hielt, erfuhr ich, dass er alle Weisheit der Frauen vom Anbeginn der Zeit an enthalte. Gesichter und Körper von Frauen zeigten sich in dem Stein. Ich sah eine dinosaurierähnliche Kreatur den Ozean verlassen und sich an Land in eine Eidechse verwandeln. Sie kroch über den Sand und folgte einem Traumpfad, einem durch eine Kraftlinie gekennzeichneten Weg, zu einem Wasserloch. Als sie ihren Kopf neigte, um aus dem kleinen, aber tiefen Teich zu trinken, erschien ein blaues Gesicht, welches an das eines Mayas erinnerte und genau die Konturen eines Steines aufwies, den ich am Wanganui gefunden hatte, um sie hinab ins Wasser zu führen. Gemeinsam schwammen sie unterirdisch zum Wanganui, um dort wieder aufzutauchen und mich über die uralten Verbindungen und Zeitlinien zu unterrichten, mit denen ich später arbeiten würde.

In den folgenden Jahren trug ich den Stein stets bei mir, wenn ich durchs Land ging, bis er eines Tages am Uluru im Jahr 2000 in meiner Hand in zwei Teile zerbrach. Physisch war das nahezu unmöglich und ich befürchtete, etwas könnte schiefgegangen sein. Als ich jedoch Kumbrei davon erzählte und sie zunächst ebenfalls erschrocken war, erinnerte sie sich schnell an etwas und sagte dann: „Ja, das Jahr 2000. Es ist das Ende der alten Welt". Auf eine Weise war das traurig und ein großer Verlust. Ich sah einige große Schätze untergehen, aber das ist zweifellos der Weg, welcher den Dingen eingeschrieben ist.

Für Kumbrei und mich war es Zeit, voneinander Abschied zu nehmen; sie begab sich zurück nach Alice Springs. Die Maorifrauen vom Wanganui hatten mit ihr vereinbart, sie einige Monate später anlässlich der heiligen Zeremonien der Frauen in Westaustralien zu besuchen. Ich hatte angeboten, die Reise zu organisie-ren, ihre Visen zu beantragen usw. Diese Aufgabe wurde mir aber von der Maoriheilerin, die auf Kumbreis Gesellschaft am Wanganui bestanden hatte, und deren Tochter aus den Händen genommen.

14

Die Vorgebirge der Kimberleys

Am Ende meines Aufenthalts in Glastonbell war mir durch geistige Verständigung mit einem Adler und einem Geistwesen bewusst geworden, dass meine nächste Reise mich wieder in den Norden, nach Halls Creek und darüber hinaus, führen würde.

Eine Freundin machte sich mit mir wie üblich im Greyhound-Bus auf den Weg in die Kimberley-Region. Dort hoffte ich, Lisa, eine Aborigine, die ich in Halls Creek kennen gelernt hatte, kontaktieren zu können. Sie hatte mir einen Ort genannt, an dem ich sie finden konnte und von dem sich herausstellte, dass er zu dem Gebiet gehörte, mit dem ich mich verbinden sollte.

Bei unserer Ankunft erfuhren wir, dass sie zu einer weit entfernten Gemeinschaft geflogen war, um Verwandten zu helfen. Statt mit ihr verbrachten wir die kommende Zeit mit Angehörigen ihrer großen Familie. Ich nannte ihnen einen Gebirgskamm, dem die Straße folgte und den ich gerne aufsuchen wollte.

Der Fluss und ein dahinter liegender zweiter Gebirgskamm gleicher Höhe bildeten die Grenzen auf der anderen Straßenseite. Man sagte mir, dies sei das Gebiet der Männer und eine heilige Höhle mit bedeutenden Felszeichnungen befinde sich dort oben. Ich vermutete, es handele sich um die Höhle der drei Ältesten, mit denen ich bereits in Kontakt getreten war und die mich vor Jahren gebeten hatten, für die Dauer von drei Monaten mit ihnen in der Stille der Gebirgshöhlen zu sitzen.

Eine Frau bot sich an, uns dorthin zu bringen, wurde jedoch in der folgenden Nacht verprügelt. Ob ein Zusammenhang bestand, entzieht sich meiner Kenntnis. Am folgenden Morgen jedenfalls empfingen wir den Segen der Männer für unsere Reise.

Meine Freundin und ich machten uns alleine an den Aufstieg. Als wir den Bergrücken entlangwanderten, war ich mir sicher, dort schon einmal als plejadisches Wesen gewesen zu sein. Das klingt seltsam, wenn man sich nicht in dieser Energie bewegt, aber in diesem Moment ist es von greifbarer Wirklichkeit, und uralte Erinnerungen fluten in einem zurück.

Wenngleich es sich auch nur um kurze Ausschnitte handelt, helfen einem diese Erinnerungen, die Geschichten zu verstehen, welche in der Tradition verwurzelte Menschen von den Zeiten der Schöpfung erzählen.

Der Grat war langgedehnt und aus rotem Felsen. Er fühlte sich mächtig an, wenn man ihn entlanglief und auf die Schönheit der weiten Landschaft unter sich hinabblickte. Wir entdeckten einen Steinkreis und fühlten die Schwingungen, die ein Zusammengehen der männlichen und weiblichen Aspekte dieses Gebietes bewirken sollten.

Die Energie der beiden Höhenzüge war zu einer Einheit verbunden. Wir setzten uns und gingen in die Stille, die solche Plätze ausstrahlen. Gleich darauf beschwor mein inneres Auge eine lange, tiefschwarze, glänzende Schlange herauf. Dann erschienen, einer nach dem anderen, sieben weiße Punkte auf ihrem Rücken, und wieder durchtränkten plejadische Erinnerungen meinen Geist.

Es war eine wunderbare Reise in die Urerfahrung der Begegnung von Adler und Schlange, aus der sich die Begegnung von Donnervogel und Aal und jene von Phönix und Wal entwickelten, in denen die Energien sich immer höher erhoben und weiter hinabtauchten. Wir befanden uns am Margaret River in der Gesellschaft von Salzwasserkrokodilen und Adlern und waren fortwährend ihrer Energien gewahr, die mit uns kommunizierten, wenn wir unter den Sternen in unseren Swags schliefen.

Manchmal hockte ein Adler auf einem Ast über uns. Einige Zeit verbrachten wir auch an den heißen Quellen von Mataranka, wo ein Paar großer Wasserschlangen im warmen Bach mit uns schwamm, während die Adler über uns kreisten.

Schließlich kehrten wir nach Alice Springs zurück. Wir einigten uns, dass ich am Besten alleine nach Mutitjulu weiterreisen würde. Anfangs war es für mich wegen der Ungewissheit über die Reaktionen der einzelnen Stämme unabdingbar, alleine zu reisen. Letztlich wurde mir aber sogar erlaubt, mit spirituellen Energien auf ihrem allerheiligsten Land in Kontakt zu treten.

Begab man sich allein auf Stammesland, demonstrierte diese Schutzlosigkeit ein gewisses Maß an Vertrauen und den notwendigen Mut, seinem eigenen Weg zu folgen. Auf diese Position hatte ich mich von Grund auf vorzubereiten und hineinzufinden, ehe ich meiner Aufgabe gewachsen war.

Im Verwaltungsbüro von Mutitjulu erfuhr ich, dass Kumbrei im Krankenhaus von Alice Springs untersucht wurde. Meine Anwesenheit unter den Weißen schien ihnen aus Gründen, die wohl nur sie selbst kannten, nicht vollauf willkommen zu sein. Ich rechnete mit der baldigen Ankunft der Maorifrauen, da die Zeremonien in zwei Tagen beginnen sollten.

Später erfuhr ich allerdings, dass sie nicht kämen, weil die Zeremonien heilig und nur Aboriginefrauen vorbehalten waren. Mir drängte sich der Eindruck einer gewissen Verbohrtheit auf, die ich als eine eher kraftentziehende denn beschützende Energie ansah.

Das Maß an Kontrolle, das die Verwalter über die Ureinwohner ausübten, hinterließ einen gewissen Eindruck, aber auch hier wandelten sich die Dinge in dieser sich stets verändernden Welt.

Es gelang mir, Kumbrei telefonisch zu erreichen, und sie empfahl mir, bei Daisy zu übernachten und dann nach Alice Springs zurückzukommen. Daisy saß gerade draußen im Sand und machte sich daran, das Feuer für das Abendessen zu entzünden. Sie wies mir einen Raum im Haus hinter ihr, den ich mit ihrer Enkelin teilen konnte. Ich legte meinen Schlafsack aufs Bett und begab mich nach draußen, um mich zu Daisy zu setzen.

Die Sonne ging gerade unter. Wir sprachen nicht viel, aber ich fragte sie, ob die Maori nicht kommen konnten, weil die Zeremonien Aboriginefrauen vorbehalten waren. Sie lachte und versicherte mir, dass jede Frau an den Zeremonien teilnehmen konnte, und dass es sowieso ihre Entscheidung sei, da sie der „Chef" sei.

Später erfuhr ich, dass die Erteilung der Visen und die Planungen von der Tochter der Maoriheilerin unter Mithilfe der Verwaltung in Alice Springs sabotiert worden waren – von denselben Leuten, die fast die Ausstellung des Passes für Kumbrei verhindert hatten, als sie mit mir nach Neuseeland reisen wollte. Ob zu Recht oder zu Unrecht, mir waren diese Angelegenheiten damals höchst suspekt.

Inzwischen kommt unausweichlich Bewegung in diese Dinge, vielleicht hatten sich auch die Einstellungen der Beteiligten durch größeres Verständnis und umfassenderen Einblick zum Positiven gewandelt.

Als die Sonne hinter Uluru verschwand, entzündete Daisy das Lagerfeuer und setzte den Topf auf, um Wasser für eine Tasse starken schwarzen Tees mit weißem Zucker zu kochen. Eine Frau kam zu uns und setzte sich neben mich. Sie hatte eines ihrer Bilder mitgebracht, um es mir zu zeigen. Es stelle eine Geschichte über die Sieben Schwestern, die Plejaden, dar, erklärte sie. Am oberen Bildrand befand sich eine glänzende, schwarze Schlange mit sieben weißen Punkten.

Danach kam eine weitere Frau mit einem Bild des selben Motivs zu uns. Weitere folgten und es bildete sich ein Kreis von sieben Frauen. Jede trug eine Leinwand, auf der jeweils eine schwarze Schlange mit sieben weißen Punkten zu sehen war. Jede von ihnen erzählte mir eine Geschichte über die Sieben Schwestern.

Schließlich trat Stille ein und ich fragte zögerlich, ob sie wussten, dass die Wesen aus jener Welt mich zu ihnen geführt hatten. Als Antwort zeichneten sie mit einem Zweig eine Karte in den Sand. Daisys Tochter erzählte mir von einem besonderen Land, das ihres sei und in dem sie eines Tages alle leben würden. Darin floss ein besonderes, heilendes Wasser und stand ein besonderer Felsen mit goldenen Tupfen.

Eines Tages, sagte sie, würde ich dorthin kommen. Der Name des Landes, Jatara, wurde mir übermittelt und blieb mir jahrelang in Erinnerung, bevor es schließlich an der Zeit war, dorthin zu reisen.

Am folgenden Morgen wurde ich nach Yulara mitgenommen, wo ich an der Haltestelle am Outback Pioneer Hotel den nächsten Bus nach Alice Springs nahm. Nachdem ich Lois Bescheid gesagt hatte, besuchte ich Kumbrei. Sie machte einen guten Eindruck und konnte das Krankenhaus verlassen.

Vor jener Reise mit Kumbrei hatte ich mit dem Geist kommuniziert und den Wunsch geäußert, mir bei aller Hingabe an meine spirituellen Ziele den Weg etwas zu erleichtern. „Wie", fragte ich, „kann ich die dauernden Prüfungen umgehen?", denn ich fühlte mich auf Schritt und Tritt von den Freunden, mit denen ich arbeiten sollte, beobachtet und auf die Probe gestellt. Während ich anfangs die Notwendigkeit solcher Prüfungen aus ihrer Sicht verstehen konnte, hielt ich sie inzwischen für nicht mehr nötig.

Die Antwort war klar: „Kumbrei hat dir eine große Ehre erwiesen, als sie dir den Stein ihrer Großmütter gegeben hat. Nun musst du sie ehren, indem du ihr einen Kristallschädel schenkst." Ich stimmte zu, aber wo sollte ich so etwas finden?

Mich überraschte es nicht, als am folgenden Tag eine Freundin auftauchte, die einen Schädel aus Quarzkristall mitbrachte, den sie in der Nähe am Ufer eines ausgetrockneten Flussbettes gefunden hatte. Sie übergab ihn mir und sagte, der Geist habe sie geheißen, ihn an Kumbrei zu übermitteln.

Es war ein mächtiges Werkzeug, das in der Vergangenheit von den Männern und nicht immer zu guten Zwecken genutzt worden war. Nun waren sie willens, es den Frauen zu überlassen. Ich brachte es Kumbrei nach Alice Springs ins Krankenhaus und sie sagte, sie wolle die Männer danach fragen. Später erzählte sie mir, sie habe sich etwas vor dem Schädel gefürchtet, da seine Augen nachts rot leuchteten.

Wir holten Lois ab und begaben uns zu den Häusern des Frauenrates, wo Kumbrei einen der Geländewagen von Pitjantjatjara ausleihen wollte, um nach Mutitjulu zurückzufahren und mit uns einen
Ausflug in die Wüste zu unternehmen. Ihre Bitte fand allerdings
keine Zustimmung und während Lois und ich nahezu eine Stunde
lang im Empfangsbereich warteten, diskutierte Kumbrei im Büro
mit der für die Fahrzeuge zuständigen weißen Frau. Dann kam sie
wütend heraus und meinte, sie habe das Auto.

Es war ein Mietwagen, bezahlt mit dem Vorschuss auf ihr Gehalt.
Kumbrei war eine der Hauptakteurinnen des Frauenrates der Aborigines und konnte es nicht verschmerzen, keinen Wagen ausleihen
zu dürfen, obwohl sie selbst dort angestellt war. Ich hörte später,
sie sei zurückgefahren und habe einige PKWs mit einem Geländewagen demoliert, was mich nicht überraschte. Nach unserer Fahrt
in die Wüste mit Kumbrei und einigen der Älteren, deren Beisein
mir immer eine große Freude war, kehrten Lois und ich mit dem
Greyhound nach Glastonbell zurück.

15
Der Adler begegnet der Schlange

Meinen kurzen Aufenthalt in Glastonbell begleitete der ständige Gedanke, dringend zum Wanganui zurückkehren zu müssen. Ich buchte deshalb einen Flug nach Wellington, wo Tane und Moana mich wie sonst abholten. Die Frauen waren von der Begegnung mit Kumbrei begeistert gewesen und wollten mehr über ihr Volk erfahren.

Entsprechend groß war ihre Enttäuschung, dass es ihnen verwehrt blieb, zusammen mit ihr den Zeremonien in der Wüste beizuwohnen. Alle fragten mich, was es Neues über Kumbrei zu vermelden gäbe, denn ihr Besuch in Pakaitore hatte einen bleibenden Eindruck hinterlassen und man war ihr dankbar dafür.

Nun musste ich Rangi so bald wie möglich ausfindig machen und mich zur Höhle oberhalb von Tieke begeben. Alleine konnte ich nicht an meine Aufgabe herangehen, denn ich wusste nicht, wo genau die Höhle lag. Deshalb hatte man mir gesagt, es sei das Privileg eines anderen, mich dorthin zu begleiten.

Rangi besuchte mich kurz nach meiner Ankunft in unserem Haus, war aber offenbar nicht in der Stimmung, mit mir zusammenzuarbeiten. Durch den Auftrag des Geistes, der an mich gegangen war, hatte ich ihn in eine unangenehme Situation gebracht. Ich spürte, dass das Wirken des Geistes durch mich keinen Aufschub duldete. Deshalb wollte ich nichts unversucht lassen, Rangi die Situation verständlich zu machen. Allerdings war er keine einfache Persönlichkeit, wenn man Forderungen an ihn richtete.

Ein Sprichwort besagt, ein Maorimann sei nur schwer zu etwas zu bewegen, besonders, wenn ein weißer Mann, ihn von etwas überzeugen wolle und wenn eine weiße Frau etwas von ihm forderte, sei es vollkommen aussichtslos. Ich kann diesem Sprichwort beipflichten.

Bei der Arbeit mit Erdkräften kommt es besonders auf den richtigen Zeitpunkt an. Wenn der Geist zu diesem Zwecke eine starke Verbindung mit einem herstellt, darf man sich keine Zeit lassen. Es zieht einen dann magnetisch zu dem Land, in das einen der Geist ruft. Genauso war es in meinem Fall; das Gefühl, diesem Ruf folgen zu müssen, war außerordentlich stark.

Mit Leuten meiner Gastfamilie fuhr ich eines Abends die Flussstraße hinauf, um einen letzten Versuch zu unternehmen, mit Rangi zu reden, der sich in Matahiwi aufhielt.

Nachdem er mich nach Kräften beschimpft hatte, lehnte er es mit Nachdruck ab, mit mir zu arbeiten, und wir gingen auseinander. Der Familie, die mich zu unserer Unterredung gefahren hatte, war ihre Verwicklung in diese Geschichte unangenehm. Jedenfalls fühlte ich mich gezwungen, flussaufwärts zu reisen, und einige Tage später stand ich vor dem Haus des Bootsmannes von Pipiriki, um mich mit dem Schnellboot nach Tieke bringen zu lassen.

Ich weiß nicht, für wen von uns beiden die Überraschung größer war, als ich bei meiner Ankunft am Boot feststellte, dass der einzige weitere Passagier, der auch nach Tieke wollte, niemand anderes als Rangi war.

Das war vielversprechend, ganz im Gegensatz zu seiner Einstellung, die noch immer dieselbe war. Wie das Schicksal es wollte, hatte das Boot auf halber Strecke einen Motorschaden, und wir mussten in der Stille der uns umgebenden Wildnis irgendwie mit der Gesellschaft des anderen zurechtkommen. Unterhalten konnten wir uns nicht, denn jedes weitere Wort zu dem Thema war offenkundig überflüssig.

In der für Rangi peinlichen Situation schien im nichts besseres einzufallen, als durch plumpe Anmache seine Dominanz zu beweisen. Glücklicherweise stellte Mickey, der Bootsmann, einen ruhenden Faktor dar, indem er ganz besonnen den Motor instand setzte.

Bei unserer Ankunft in Tieke standen Larry, Ma und alle anderen, abgesehen von einigen Teenagern, am Anlegeplatz, um mit dem Boot, mit dem wir gerade ankamen, flussabwärts zu fahren. Dadurch waren Rangi und ich unter uns und lediglich mit den Jugendlichen sowie den Gästen betraut, die in Kanus bei Einbruch der Dämmerung, rechtzeitig zum Abendessen, eintreffen sollten.

Ma überließ mir ihre behelfsmäßige Wohnung samt Bett, solange sie mit den anderen in der Stadt war. Das mutete fast schon luxuriös an, sollte es auch wichtig sein, in den folgenden Tagen und Nächten etwas Raum für mich zu haben.

Durch die starke spirituelle Verbindung und unsere gemeinsamen Interessen hatten Rangi und ich hin und wieder sehr angenehme Gespräche geführt, als seien wir gute Freunde. Dieses Gefühl begann sich auch jetzt wieder einzustellen, aber es lag gleichzeitig eine Spannung in der Luft, die von unserer Polarität hervorgerufen wurde und sich jederzeit entladen konnte.

Wir waren uns in vielerlei Hinsicht sehr ähnlich und würde ich in einem männlichen Körper leben, hätten sich die Dinge wohl ohne viel Aufheben regeln lassen. Allerdings wäre der Adler nicht der Schlange begegnet.

Nun begann ich zu begreifen, wie tiefgreifend und komplex diese energetische Tat sein würde. Zusammen räumten wir in der Küche auf und kochten für die drei Teenager. Diese gingen uns aber aus dem Weg, da sie Rangi ebenfalls als schwierig empfanden.

Ein junges israelisches Paar legte mit dem Kanu an und war von all dem fasziniert, was Rangi ihnen über die wairua der Maori, ihre Spiritualität, berichtete. Rangi verglich die jüdische Sehnsucht nach dem verheißenen Land und jene der Maori, ihre Heimat Aotearoa zurückzugewinnen. Beide Völker kamen von weither, um sich an ihrem erträumten Ort niederzulassen, den sie Heimat nannten. Dieser erste Abend verlief ganz friedlich.

Rangi und ich blieben noch lange wach und unterhielten uns freundschaftlich und er war aufrichtig an dem interessiert, was ich zu sagen hatte. Ich wusste mich in der Gesellschaft von jemandem, der nicht mit Überraschung oder Ablehnung reagierte, wenn ich etwas über Erdkräfte oder geistige Übermittlungen erzählte.

Gleich vielen Maori, denen ich begegnete, gehörte Religiosität zu seinem Leben; alles war symbolgeladen und bedeutungsvoll, alles war in unterschiedlichem Grade mit Bewusstsein gesegnet. Ich gab ihm den Stein, welcher mich an die Gesichtszüge der Mayas erinnerte, und den ich weiter oben am Fluss gefunden hatte.

Die Ältesten hatten mir erklärt, der Stein sei ein Ahne – ein Ahne, der aus irgendeinem Grund eine gewisse Furcht in Rangi hervorrief. Ich erzählte ihm von dem Stein von Kumbreis Großmüttern und der Eidechse, welche mir über die Verbindung der Mayas zum Wanganui berichtet hatte, ferner dass der Geist mich geheißen hatte, ihr im Gegenzug einen Kristallschädel zu geben, und wie dieser zu mir gelangte. Auch zeigte ich ihm das Foto des weißen Regenbogens bei Huruharama wie auch die beiden geschnitzten Vögel, die wir am Fluss gefunden hatten, und eine weiße Feder, die ich aus Australien mitgebracht hatte.

Auf die Frage hin, was die weiße Feder für mich bedeute, entgegnete ich, sie symbolisiere Frieden, Einheit und Versöhnung. Für ihn stand sie für das Ende eines mahi, in diesem Falle einer spirituellen Aufgabe. Ich entsann mich dieser Worte später unter leidvollen Umständen.

Tags darauf verließ das israelische Paar das Marae wieder. Ein Gewitter zog unter ohrenbetäubendem Donner auf, woraufhin der Fluss anschwoll und es weiteren Touristen unmöglich machte, in Tieke anzulegen. Das bedeutete natürlich, dass Rangi und ich praktisch alleine miteinander waren und nur die Teenager zur Ablenkung hatten. Wieder unterhielten wir uns ganz freundschaftlich und gingen gemeinsam der täglichen Arbeit nach.

Zu diesem Zeitpunkt hatte ich ihm die ihn betreffenden Botschaften, welche ich vom Geist erhalten hatte, bereits in allen Einzelheiten dargelegt. Es war nur zu offensichtlich, dass ich nichts erfand, denn ich hatte ihm all die Zeichen gezeigt, die er laut der

Prophezeiung empfangen sollte – den Stein, die weiße Feder, den weißen Regenbogen und die Schnitzerei.

Mir schien, die Wanderung zu jener Höhle am nächsten Tag würde ohne weitere Reibereien stattfinden. Wieder sprachen wir abends am Lagerfeuer freundschaftlich miteinander. Dann bemächtigte sich meiner eine gewisse Besorgnis, als das Gespräch zu vertraut wurde und ich eine Änderung der Energie bemerkte.

Ich stand schnell auf, füllte meine Flasche mit warmem Wasser aus einem Kessel, und verabschiedete mich bis zum Morgen. Rangi folgte mir hinaus in die Neumondnacht, wobei er ein Feuerzeug anzündete. Er meinte, er würde mir den Weg leuchten, da ich sonst nicht sehen könne, wohin ich liefe. Ich entgegnete, ich würde den Weg gut genug kennen. Als er das Feuerzeug allerdings wieder anknipste, stand ich direkt vor einem Ponga-Baum.

Diese Baumfarne werden in Neuseeland größer als in Australien, weil sie hier nicht von hohen Gummibäumen umstanden werden. „Da siehst du!", sagte er und folgte mir bis zu meinem Schlafplatz. Dort sah er eine Kerze und lehnte sich über das Bett, um sie anzuzünden, wobei er bemerkte, Larry und Ma hätten ein sehr bequemes Bett und er wolle nicht auf dem Boden seines Zeltes schlafen. Auch habe er keine Kerze bei sich.

Langsam bekam ich es mit der Angst zu tun. Ich gab ihm eine Kerze aus meiner eigenen Tasche und sagte gute Nacht. Ich weiß bis heute nicht genau, was damals vor sich ging, zumal meine Aufgaben nichts mit physischen Beziehungen zu tun hatten und ich sehr bezweifle, dass Rangi selbst in dieser Hinsicht Kompromisse eingegangen wäre. Ich kann nur vermuten, dass er sehen wollte, ob er auf diese Weise Macht über mich erlangen könne und über die Zurückweisung verärgert war. Er stürmte aus dem Zelt und setzte sich draußen auf den Boden. Er war dabei so nahe, dass ich ihn in der Stille der Nacht atmen hören konnte.

Ich verhielt mich so still wie möglich, während ich innerlich die plejadische Familie rief und sagte: „Ihr holt mich besser hier raus." Ich hörte ihr beruhigendes Lachen.

An Schlaf war nicht zu denken, vielmehr war ich hellwach und auf alles Mögliche gefasst. Stärker als zuvor spürte ich, dass etwas Archetypisches vor sich ging, bei dem Rangi und ich bloße Instrumente waren. Ich versuchte daher, die Situation aus der Distanz des Beobachters zu betrachten.

Es war Neumond, eine Eule rief ununterbrochen, der Pegel des Flusses war gestiegen und seine Wasser schwollen noch immer an. Meine Periode hatte gerade begonnen – zum letzten Mal, wie sich später herausstellte – und ein wütender Maorikrieger saß irgendwo vor meiner Wohnstatt.

Gegen zwei Uhr nachts wurde die Stille jäh gebrochen. Ich vernahm ein donnerndes Krachen, gefolgt von Schreckensschreien, Flüchen, Betteln und Jammern. Bis zum Morgen lag ich starr, ohne mich zu rühren. Mein Verhältnis zu Rangi nahm ab diesem Tag die Ausmaße einer wirklichen Herausforderung an.

Die Halbwüchsigen waren in der letzten Nacht in den Bootsschuppen geschlichen, um Benzin zu schnüffeln. Rangi, der in der Nähe auf der Lauer gelegen hatte (ich nehme an, sowohl wegen mir als auch wegen der Jugendlichen, je nachdem, wer auftauchte), hatte den Dreien einen großen Holzklotz vor die Füße geworfen, um sie zu erschrecken. Daher das Geschrei und das Weinen der Jungen, während Rangi sie verbal zurechtstutzte.

Die Jugendlichen machten von nun an einen noch größeren Bogen um uns, sobald wir zu zweit auftauchten. Hingegen versuchten sie, mich allein zu treffen, um mir Fragen über Verstorbene zu stellen, die ihnen nahegestanden hatten. Es hatte sich nämlich herumgesprochen, dass ich Kontakt zu denen jenseits des Schleiers herstellen konnte. Man ernannte mich zur Hexe, wobei es recht erheiternd klang, wenn sie mit einem deutlichen neuseeländischen Akzent von mir als „the Witch" sprachen.

Manchmal wollten sie wissen, wie sie von Drogen oder Zigaretten loskommen könnten, oder sie wollten einfach über ihr Leben und ihre Probleme reden, derentwegen sie nach Tieke geschickt worden waren. Einige wollten mit mir zum Urupa gehen, um zu sehen, ob ihre dort bestatteten Ahnen ihnen helfen und mit ihnen reden wollten. Ich war so sehr auf die Ahnen und den Geist des Landes eingestellt, dass sich die gewünschten Verbindungen ganz leicht aufbauten. Vor Rangi hatten die jungen Leute aber weiterhin Angst. Einmal fragten sie mich, ob ich nicht befürchte, von ihm geschlagen zu werden.

An diesem Abend saßen Rangi und ich uns in augenfälliger Gegensätzlichkeit an einem der langen Esstische gegenüber. Die Polarität beherrschte uns, sodass Schlange und Adler in der Energie des anderen gefangen waren. Ich spürte wie ein ungeheuer mächtiger, goldener Adler sein Licht über mich ergoss und gleichzeitig sah ich einen dunklen und mächtigen Ahnen hinter Rangi stehen. Dieser begann wieder von einem der komplexen Punkte der Spiritualität seines Volkes, einem sehr interessanten System hochentwickelten und weitreichenden Wissens, zu berichten.

Trotzdem war ich unter diesen Umständen nicht in der Lage, seinen Ausführungen zu folgen. Jedesmal, wenn ich Rangi darauf hinzuweisen versuchte, schlug er mit der Faust auf den Tisch, schnitt mir das Wort ab und hieß mich zuhören. Manchmal versuchte ich, das was er sagte, zu meinen Erlebnissen und Begrifflichkeiten in Beziehung zu setzen. Das war der Adler, der versuchte, die Schlange zu bewegen, ihm auf halbem Wege entgegenzukommen.

Das Ergebnis war nur, dass Rangi mir unter Missachtung zeremonieller Umgangsformen sagte, ich solle „verdammt noch mal die Klappe halten." Daraufhin hielt ich es für angemessen, zur Abwechslung einmal ihm den Mund zu verbieten. Ich sagte ihm, er sei arrogant und ein chauvinistisches Schwein und alles andere Negative, was mir gerade einfiel.

Trotzdem kam ich nicht gegen die Schlange an, die eifersüchtig ihr Land bewachte. Das Weiße in Rangis Augen verfärbte sich rot und wenn die Energien des Ahnen in ihm hervorbrachen, schlug er mit aller Kraft auf den Tisch. Ich war entschlossen, mich nicht von ihm überwältigen zu lassen.

Langsam erst realisierte ich, dass es vom archetypischen Standpunkt besehen unmöglich war, dass die Schlange sich zum Adler hinaufbegeben würde, um ihm entgegenzukommen. Der Adler muss zum tiefsten Punkt herabfliegen, an dem die Schlange zusammengerollt auf ihn wartet. So weiß sie, dass er wirklich ihre Haltung versteht und vertrauenswürdig ist. Nur dann ist sie bereit, sich zusammen mit ihm zu erheben. Jetzt verstand ich, wie ein seelisch verletzter und entkräfteter Stammesangehöriger die Schranken zwischen ihm und jemandem angelsächsischer Abstammung überwinden konnte.

Es gab keinen anderen Weg, wie ehrenwert die Absichten auch waren. „Soll das eine Initiation sein oder was soll das werden?", fragte ich und Rangi stand auf, klatschte in die Hände und jubelte.

An diesem Abend setzten wir uns wieder zusammen vor das Herdfeuer. Wir sahen Fotos an, redeten über Schädel, und unsere Unterhaltung bewegte sich zwischen einem freundschaftlichen und einem scharfen Ton. Ich lenkte das Gespräch auf den eigentlichen Grund meines Aufenthalts, aber Rangi wehrte mit den Worten ab, er könne nicht einfach mit mir in die Wildnis gehen, denn die Leute würden reden.

Er sagte, ich sei sehr ergeben und von schönem Geist, wenn er mich jedoch begleiten solle, würde ich alle neun Hüter der mittleren Gebiete aufsuchen und ihre Zustimmung erbitten müssen. Mit diesen war einige Tage später ein Treffen in Tieke anberaumt. Ich freute mich sehr darauf, diesen Menschen wieder zu begegnen, denn ich wusste, dass sie verstehen würden, was ich zu sagen hatte. Durch ihre Nähe zum Geist war es ihnen möglich, sich eine Vorstellung von dem Zweck meiner Aufgaben zu machen. Waren ihnen diese auch neu und ungewohnt, so wussten sie doch, dass ich nichts Nachteiliges verlangen würde.

Rangi belehrte mich immer noch in einem eher herrischen Tonfall und schrie mich gelegentlich an. Aber ich fuhr fort, mit ihm bis in die Nacht zu diskutieren und zu streiten. Dann und wann stand einer der Jungen von seinem Schlafplatz auf und kam vorbeigelaufen, um nach dem Rechten zu sehen.

Am darauffolgenden Morgen freuten sie sich für mich und beglückwünschten mich zu meinen guten Antworten gegenüber Rangi. Misslich war nur, dass der Adler in mir die Sache nicht verstand und so unnötig erschwerte. Als ich schließlich zu Bett ging, hätte ich Rangi für seine Ignoranz an die Kehle springen können.

Diese wenigen Tage hatten ihren Tribut gefordert. Die Maori benutzen seit Generationen den Fluch, um Feinde auf Distanz zu halten, und ich fühlte fortwährend, wie diese Energie von dem Ahnen durch Rangi auf mich gerichtet wurde. Ständig lief ich zum Fluss hinab, um mich zu reinigen, und zog mich in den Wald zurück, wo ich mich erschöpft und am ganzen Körper zitternd zu Boden legte. Rangi verfolgte jede meiner Bewegungen. Wo ich auch war, sah ich ihn mich beobachten.

In dieser Nacht legte ich mich in mein Bett und hatte endgültig genug. Ich war so frustriert, dass ich, statt die plejadische Energie zu mir hinabzurufen, meinen Körper verließ, um selbst in das geistige Reich der Plejaden einzugehen. Mir wurde viel Verständnis entgegengebracht, doch als ich sagte, ich könne nicht mit diesem arroganten Mann arbeiten und darum bat, alleine oder mit jemand anderem gehen zu dürfen, sagte man mir, es gebe keine andere Möglichkeit.

Es war Rangis Privileg, mich zu begleiten. Die Ahnen in jener Höhle, die wir aufsuchen sollten, waren bereit, mit ihm zu arbeiten, und würden ihn die Dinge von einem anderen Standpunkt aus sehen lassen. Dieser Ahne in Rangi besaß ein sehr sanftes, aber starkes Naturell, ähnlich dem, das mir einmal im Inneren eines Walschädels begegnete. Um mir unser Verhältnis zueinander zu erklären, sagten sie mir, ich betrachte Rangi als arrogant, während er mir sagte, ich sei überaus demütig. Folglich wurde mir das spiegelbildliche Verhältnis von Arroganz und Demut bewusst.

Es sind entgegengesetzte Verhaltensweisen, aber die größte Demut gleicht dem Bewusstsein des Wales, das ich dann erfuhr. Dadurch begriff ich mehr von dem mir Gezeigten. Hätten sie mir nicht an dieser Stelle den weiteren Verlauf meiner Reise bis zu deren Ende offenbart, hätte ich mich wohl unterwegs gefragt, ob es nicht einfacher sei, den konventionellen Lebensweg einzuschlagen.

Am nächsten Morgen erwachte ich mit dem Entschluss, ruhig mit Rangi zu reden und mich nicht reizen zu lassen. Der gute Vorsatz währte allerdings nicht lange.

Nach dem Frühstück begab ich mich zu einer wundervoll gelegenen Bank oberhalb des Flusses. Ich saß noch nicht lange dort, da hörte ich hinter mir eine Stimme, die sagte: „Sprich!" Ich entgegnete, ich hätte nichts zu sagen, solange wir nicht auf gleicher Augenhöhe miteinander sprächen.

Der Adler war immer noch entschlossen, die Schlange dazu zu bringen, zu ihm hinaufzukommen und sich auf halbem Wege mit ihm zu treffen, denn ich hatte meine Aufgabe noch nicht vollständig erfasst. Er hielt dagegen, wir befänden uns bereits auf gleicher Augenhöhe. Das komme mir nicht so vor, entgegnete ich, zumal er stand und zu mir herabsprach.

Uns trennte sowohl in physischer Hinsicht als auch im übertragenen Sinne eine Schranke. Nun rückte er endlich damit heraus, zu wissen, wo sich die Höhle befinde; er war tags zuvor mit einem Beiboot den Fluss hinauf gefahren und hatte dabei ein rotes Licht auf einer Klippe oberhalb der Höhle gesehen.

Noch immer wollte er Näheres darüber wissen, was mir vom Geist aufgetragen worden war. Ich wiederholte, was ich wusste und schon mehrmals zuvor gesagt hatte. Sodann fragte er, ob ich mit dem Licht arbeite, ob ich rein sei, und woher ich wisse, dass es der Ahne war, der mit mir kommunizierte. Ich konnte nicht sagen, woher ich es wusste; ich wusste es einfach.

Sein ewiges Nachfragen raubte mir den letzten Nerv und verschlechterte unser Verhältnis abermals. Wenn dies das Durchbrechen der Schranken zwischen Kelten und Maori war, welches eigentlich einfacher sein sollte, dann wollte ich gar nicht daran denken, was mich bei den Aborigines erwartete!

16
Das Ra in den Bergen

Kurz darauf musste ich durch eine Funknachricht erfahren, dass mein Sohn infolge eines Verkehrsunfalls mit einem Schädelbruch im Krankenhaus lag. Nachdem wir soviel über Schädel gesprochen hatten, drängte sich mir der Eindruck eines Zusammenhangs auf. Ich brach deshalb nach Wanganui auf, sobald das Schnellboot an diesem Tag anlegte.

Dort angekommen telefonierte ich mit einem Freund, der sich um meine in Australien gebliebenen Kinder kümmerte. Mein Sohn lag auf der Intensivstation und es war noch unklar, ob er Hirnverletzungen erlitten hatte. Wie ich es in solchen Momenten immer tat, legte ich mich nieder, beruhigte mich und versetzte mich in die Verletzungen meines Sohnes hinein.

Nach und nach sah ich den dunklen Fleck über der linken Seite seines Kopfes sich erhellen, bis es schien, als sei er vollständig geheilt. Als ich das sah, wusste ich, dass meine Rückkehr nicht sofort vonnöten war. Stattdessen setzte ich einen Bittbrief an die Hüter des Flusses auf und gab ihn Ma, die mir später ausrichtete, niemand von ihnen habe Einwände gegen meine Arbeit mit Rangi erhoben.

Mich betrübten die Vorgänge in Tieke noch fern jeder persönlichen Enttäuschung. Mir war, als würden viele um mich herum geistig ihren Kummer ausdrücken. Die näheren Freunde Rangis sahen viele Ängste hinter der Arroganz. Einmal bekannte er mir, er befürchte, zu schnell vorzugehen und dadurch seine Familie zu verlieren. Er fuhr fort, er müsse mit seinem Volk auf dessen Ebene arbeiten, die er offenbar für nicht sehr entwickelt hielt.

Meiner Auffassung nach war der Ahne, der mit Rangi arbeiten und ihn belehren wollte, sehr mächtig, aber sanft, und damit sehr verschieden von dem, der zur Zeit mit ihm arbeitete. Die Änderung der Frequenz der Höhle würde auf jene einwirken, die in ihrem Resonanzbereich leben und arbeiten. Rangi war aufgerufen, diesen Übergang auf eine neue Art zu leiten.

Die Maori arbeiten sehr eng mit ihren Ahnen zusammen. Sie sagen, dass, wenn sie sterben, nur ihr Körper dahinscheidet, der Geist aber nach wie vor mit ihnen ist. Es geschieht, dass sich ein Mann Mitte Dreißig plötzlich als Schnitzer betätigt, ohne jemals eine entsprechende Ausbildung genossen zu haben. Das Erbe des Vorfahren wird zu einem bestimmten Zeitpunkt wirksam. Alte Schnitzwerke übermitteln oftmals ein umfangreiches Wissen und werden mit großem Respekt behandelt.

Die Ältesten waren über die dunklen Energien besorgt, mit denen Rangi gearbeitet hatte, und luden mich zu einem spirituellen Treffen in den Bergen ein, um meine Energie zu revitalisieren. Das war genau das, was ich brauchte, und ich fühlte mich durch die Gegenwart einiger sehr starker Angehöriger der älteren Generation geehrt.

Am Esstisch saß ich neben einer Greisin von über neunzig Jahren, die eine ganze Schüssel des neuseeländischen Pendants lebender Witchetty grubs verspeiste und mir vergnügt einige davon anbot. Später im Schlafhaus, trat diese alte Dame vor mich und sprach so kraftvoll zu mir, dass, wenngleich ich ihre Sprache nur mangelhaft verstand, mich die Macht ihrer Worte fesselte.

Ein Greis, der am Tisch zu meiner anderen Seite saß, fragte mich, was ich mit Rangi getan habe – Neuigkeiten verbreiteten sich auch dort sehr schnell, und als ich zu Ende erzählt hatte, meinte er lachend, dafür habe es schon einer Frau bedurft. Er kenne diese Höhle und den Ahnen, von dem ich sprach. Diese Geschehnisse versichern mir immer wieder, nicht verrückt geworden zu sein und das alles nicht erfunden zu haben.

Bei derselben Zusammenkunft stand eine Mutter auf, um uns ihr Leid zu klagen, das von einem Fluch herrührte, der von einem neidischen Ahnen für die Dauer von sieben Generationen auf ihre Familie gelegt worden war.

Das war nichts Ungewöhnliches, brachte jedoch größte Probleme für die betroffenen Familien. Vor einiger Zeit hatte der Fluch ihre einundzwanzigjährige Tochter erfasst. Die überaus schöne, begabte und sanftmütige junge Frau stürzte sich, wenn der Fluch in ihr zu wirken begann, mit einem Küchenmesser oder einer anderen erreichbaren Waffe auf ihre Mutter, um sie zu töten.

Ihre Mutter hatte bereits mehrere solcher traumatischen Angriffe erlebt. In diesem Zustand war die Tochter wild entschlossen und stärker als gewöhnlich. Danach musste die junge Frau jeweils einige Zeit in einer psychiatrischen Einrichtung verbringen.

Kürzlich hatte ihr siebzehnjähriger Bruder zum ersten Mal die Mutter in gleicher Weise angegriffen, die nun weder ein noch aus wusste, denn ungeachtet aller Anstrengungen hatte niemand ihr bislang helfen können. Weiter erzählte sie den Anwesenden, sie habe unlängst geträumt, die Tapete löse sich Schicht um Schicht von den Wänden ihres Zimmers und gebe das Foto ihrer Tante Isabel frei. Diese riet ihr, ihre Kinder zu den nahegelegenen Heilquellen zu bringen, ins Wasser zu gehen und um Heilung durch den Geist zu bitten.

Als sie so sprach, richteten sich meine Augen sehr zu meiner Verlegenheit unwillkürlich auf die eines in ihrer Nähe sitzenden Mädchens, das meinen unverwandten Blick bemerkte und sich dabei nicht wohl zu fühlen schien. Ich konnte jedoch nicht davon ablassen, ihr in die Augen zu sehen, bis der Fluch von ihr wich und in Form eines orangerot flammenden Windes zu mir flog und versuchte, in mein Wesen einzudringen, schließlich aber zurückschreckte.

Als wir allein waren, berichtete ich der Mutter davon und erzählte ihr, wie ich in den Heilquellen gebadet hatte. Sie sagte, sie habe sich zu sehr vor den Kräften der Quellen gefürchtet und wollte erst mein Urteil wissen, ob es sich um einen angemessenen Ratschlag gehandelt habe. Meinem Gefühl nach hatte man ihr den richtigen Weg gezeigt, ihrer Lage abzuhelfen. Bei einer späteren Begegnung mit ihr während eines Marae-Treffens berichtete sie, dass sich die Dinge gebessert hätten.

Nachts saß ich mit Tane draußen unter dem Mond, betrachtete die schneebedeckten Gipfel des Pihanga und des Tongariro und erfreute mich der Schönheit und Lebensfülle dieses Landes.

Nach einem kurzen Aufenthalt in Australien kehrte ich nach Neuseeland zurück, besuchte erst Tieke und dann Larry und Ma in Raetihi. Man hatte mir gesagt, ich würde mit dem Berg Ruapehu arbeiten.

Der Ruapehu ist ein Vulkan und ich sollte während eines Ausbruchs dort sein, um mit der Salamanderenergie in Kontakt zu treten, die in Wasser und Feuer in der Erde präsent war. Wir hatten einen geruhsamen Schlaf und morgens setzte ich mich auf die vordere Veranda.

Ein dichter Nebel verhüllte die ganze Umgebung, verflüchtigte sich jedoch mit dem Sonnenaufgang und gab den Blick auf den prächtigen, schneebedeckten Berg direkt vor mir frei. Ich war überrascht, da ich zuvor nicht gewusst hatte, wo sich der Ruapehu befand. Ich fragte die Ältesten, ob der Vulkan in jüngerer Zeit ausgebrochen sei, und erfuhr, dass seine letzte Eruption etwa fünfzig Jahre zurücklag. Ich erzählte ihnen von meiner spirituellen Botschaft, die mich vermuten ließ, dass ein neuerlicher Ausbruch kurz bevorstand. Bei einem meiner nächsten Aufenthalte sollte ich selbigen miterleben.

Bei meiner Ankunft in Wanganui beschlossen Moana, Tane, Rinia und ich, uns ein Zelt zu nehmen und den Berg Taranaki zu besuchen. Uns wurden wunderschöne Verbindungen mit der geistigen Essenz dieser Gegend zuteil, und wir badeten in den drei von jeweils einem Wasserfall gespeisten heilenden Bassins der Maori.

Nachts saßen wir bei Kerzenschein in einer kleinen Wetterhütte. Als wir zu dritt am Tisch saßen, beschlossen wir, den Ahnen anzurufen, der so hartnäckig an Rangi festhielt. Er erschien unverzüglich; ein heftiger Windstoß warf die Tür der Hütte auf und löschte die meisten der Kerzen. Der Ahne bedauerte vieles an seinem früheren Leben und wie er damals seine Familie behandelt hatte. Deshalb konnte er seinen Frieden nicht finden und war noch nicht bereit, ins Licht zu gehen, obwohl seine Zeit schon gekommen war.

Wir dankten ihm für seine Werke, die er als Hüter des Landes vollbracht hatte, und sprachen mit ihm über seine Bedenken. Schließlich fand er seinen Frieden und verschwand in einer Lichtsäule, die wir für ihn geschaffen hatten.

17
Das Ra in Matahiwi

Damals verband Glastonbell und Tieke eine starke Energie. Die Jahre davor hatten etliche mit Glastonbell in Kontakt stehende und sich der Geomantie widmende Menschen viele heilige Orte in Aotearoa besucht und wurden zu bestimmten Zeiten aufgerufen, indiuviduell mit den Energien zu arbeiten. Das hatte bereits eine starke Verbindung zwischen den beiden Orten geschaffen.

Für jene, welche eine intensivere Verbindung suchten, wurde durch meinen ersten Besuch die Tür zum Wanganui, dem Land und den Menschen geöffnet. Nun hatten Angehörige meiner Gastfamilie, die zu den Anhängern des Propheten Ratana zählten, einer buntgemischten Gruppe von etwa einem Dutzend Personen angeboten, an einem spirituellen Treffen, einem ra, im Marae von Matahiwi teilzunehmen.

Das ra wird sowohl in Matahiwi als auch in anderen Siedlungen einmal jährlich zu wechselnden Zeitpunkten abgehalten. Wie bei jeder anderen Versammlung von Maori werden Gäste auf die überlieferte Art in das Marae gerufen, wenn sie das karanga der Frauen erschallen hören. Dieser geisterhafte Klang holte einen mit einem Ruck in die Gegenwart. Wenn die Gäste die Reihe der Gastgeber entlanggingen, um innig begrüßt zu werden, stiegen vielen die Tränen in die Augen.

Die Familien nahmen an diesen spirituellen Versammlungen teil, um sich von einer unbarmherzigen Vergangenheit zu heilen, aber auch, um Lebensmittel und Neuigkeiten auszutauschen, wie es seit jeher Brauch war.

Man setzte sich in einem Kreis zusammen, aus dem die Einzelnen aufstanden und mitteilten, was sie fühlten oder welche Schwierigkeiten sie hatten. Die Gegenwart der Ahnen war deutlich zu spüren. Einmal waren sie boshaft und störend, ein anderes Mal strömte eine überwältigende Liebe in das whare. Wenn ich aufstand und sprach, war ich immer wieder von meinen eigenen Worten überrascht. Es war, als würden die Ahnen meine Rede lenken, wie sie bisweilen meine Schritte und Handlungen steuerten. Vielen war das eine lehrreiche und heilende Erfahrung. Stammeskonflikte konnten offen angesprochen und nach Möglichkeit bewältigt werden. Auch verlief das gemeinsame Essen stets sehr angenehm und fröhlich.

Zu dieser Zeit gelang es jenen Maori, die in ressentimentgeladenen Gefühlen gegenüber den Pakehas, mich eingeschlossen, befangen waren, die Schwierigkeiten zu überwinden, die Einzelne unter ihnen provozierten. Mehrere hatten mich gebeten, ihnen zu helfen, den Selbstheilungsprozess zu verstehen. Dazu hatte ich ihnen alle mir bekannten Techniken mitgeteilt und half ihnen nach Kräften, sie anzuwenden. Ungeachtet ihrer schweren Vergangenheit vollzog sich ihre Heilung sehr schnell.

Die drei Tage meines Aufenthalts sprach ich nur kurz mit Rangi, von dem ich hoffte, er würde sich mir diesmal in Tieke anschließen. Zu meinem Ärger war dem nicht so. Dreimal vom Geist gebeten zu werden, eine bestimmte Reise zu unternehmen, und dreimal abzulehnen, grenzte an Torheit. Ich war mir sicher, dass diese Bitte von denen jenseits des Schleiers an mich gegangen war und ich mir das nicht ausgedacht hatte. Aber Rangi zweifelte immer noch.

Als ich in der Nacht vor unserer Abreise in Matahiwi am Fluss stand, blickte ich über das Wasser und sah eine Säule strahlenden Lichts vom Himmel herabkommen und die Kuppe des Wiesenhügels auf der anderen Seite des Flusses berühren. Man bat mich, am Neujahrstag der Maori dorthin zu gehen, wenn die Plejaden sich wieder am Himmel erhoben.

18
Das Tirahoiwaka

Es war einer jener stillen Tage, an denen das Wasser des Flusses glasklar schien. An einem Tag wie diesem konnte man überall in Ufernähe wunderschöne, komplizierte Schnitzereien sehen – Gebilde aus uralter Zeit, welche das Werk von Göttern zu sein schienen.

Es gibt dafür eine wissenschaftliche Erklärung, obwohl die meisten Dinge gleichzeitig von spirituellem Gehalt und schöpferischem Geist erfüllt sind. Die Maori sagen, wenn die Bedingungen stimmen und der Reisende diese Schnitzereien deutlich sehen kann, heißen die Ahnen den Gast in ihrem Land willkommen. Interessanterweise können manche Menschen die Schnitzwerke ihr ganzes Leben lang nicht sehen.

Wie immer hatten wir eine ungemein friedvolle Zeit in Tieke bei Larry und Ma. Trotz der politischen Situation und der Probleme der daran Beteiligten gab es viel zu lachen, wenn auch auf deren Kosten. Einige Freunde, die ebenfalls das ra besucht hatten, schlossen sich uns an. Es war Sommer und das Wetter warm und sonnig. Der Strom floss schnell dahin, wir sprangen aus größtmöglicher Höhe von der Böschung hinab und ließen uns von der Strömung rasch flussabwärts tragen.

Am Fest des Tirahoiwaka versammelten sich die Familien, um Leute, die im Kanu den Fluss hinunterfuhren, zu empfangen. Das war alljährlich ein großes Ereignis, an dem alle Altersklassen teilnahmen und versuchten, die Stromschnellen auf dem Weg nach Tieke und darüber hinaus zu meistern. Zwischen den Etappen übernachtete man in Zelten.

Die Ältesten erzählten den Versammelten, was sie über die Geschichte der verschiedenen Zwischenhalte entlang des Flusses-

wussten. Sie beschrieben auch, wo die alten pas waren, wer dort gelebt und was sich zugetragen hatte.

In Tieke zelteten eine Anzahl Touristen, unter ihnen auch eine Musikerin und ihr Partner aus Deutschland. Sie fragten mich, ob ich sie auf einen Spaziergang durch den Wald und den Berg hinauf zum Urupa, dem Friedhof, mitnähme, da sie die Hintergründe dessen interessierten, was sie im Gespräch mit den Maori erfahren hatten.

Wir wanderten also hinauf und legten uns meditierend nebeneinander auf den Boden, um uns mit dem Land zu verbinden. Tief aus der Erde sah ich eine keltische Steinspirale sich erheben. Sie traf auf eine Holzspirale der Maori, die ihr entgegen aus den Himmeln sich senkte. Wieder lernte ich dadurch etwas über die Verbindung zwischen Kelten und Maori und erlebte die energetische Vereinigung der beiden Spiralen.

Ich sprach darüber mit meinen beiden Begleitern, von denen ich fühlte, dass sie zu den beiden sich vereinigenden Energien beigetragen hatten. Obwohl sie meine Erfahrung nicht geteilt hatten, standen ihnen die Tränen in den Augen, denn sie spürten eine ungeheuer starke Liebe, die uns umhüllte als wir dort lagen.

Später in der Siedlung sah ich einen befreundeten jungen Maori, dessen Interesse an den Traditionen mir bekannt war, und ich fragte ihn nach der Bedeutung dieser Spirale für die Maori. Er wies auf einen Mann in seiner Nähe, der bis weit hinauf zu seinen sehr kurzen Shorts mit sogenannten mokos tätowiert war, die auch sein Gesicht und seine Arme zierten.

Er war ein Meisterschnitzer, der mit der Tirahoiwaka-Gruppe eingetroffen war und alle Arroganz in sich vereinigte, die ein Krieger und Meisterschnitzer wahrscheinlich haben kann. Wir nannten ihn den griechischen Gott. Ich sollte nun meine Frage an ihn stellen, obwohl er unter anderen Umständen sicherlich nicht der gewesen wäre, an den ich mich wegen dieses Themas gewandt hätte.

Mit überlegenem Gesichtsausdruck teilte er mir mit, er könne solche heiligen Dinge nicht darlegen, während er eine Tasse Tee trinke; er werde später mit mir reden. Wo der Unterschied zwischen uns lag, der mir es erlaubte, bei einer Tasse Tee von heiligen Dingen zu sprechen, und es ihm verbot, erschloss sich mir nicht.

Von da an stellte ich eine Herausforderung für ihn dar. Als ich ihn nach seiner Tasse Tee nicht nochmals ansprach, setzte er sich mir gegenüber und tat, als lese er Zeitung, blickte aber über sie hinweg. Er saß so nahe vor mir, dass er mit einem Fuß meinen Zeh berührte.

Später fand ich heraus, dass noch viele alte Maorigesetze bestanden, so wie es in der Vergangenheit bei jedem Stammesverband üblich und notwendig war, die auf das Konzept des tapus aufbauten. Das tapu deckt viele Dinge ab und kann wie die meisten Wörter der Maori nur als Beschreibung einer Gesamtvorstellung übersetzt werden. Es kann heilig, unberührbar, verboten und vieles andere bedeuten. Man erklärte mir, das tapu würde von einem Gast genommen, wenn man nach den Formalitäten der Ankunft in einem Marae einen Tee trinke. Das Verhalten des Maoris könnte damit in irgendeinem Zusammenhang gestanden haben.

Jedenfalls wandelte sich dieser Mann ein wenig während seines Aufenthalts in Tieke, wo die Ältesten ihre Weisheit gern mit einer Prise Demut weitergaben. In der Abschiedsrede des Maorikriegers übersetzten mir die Ältesten seine Entschuldigung für den arroganten Auftritt bei seiner Ankunft. Inzwischen habe er im Beisammensein mit den Bewohnern von Tieke Demut gelernt.

In Neuseeland ist mir diese Kriegerarroganz oftmals gepaart mit Verletzlichkeit begegnet. Man muss sich wirklich eingehender mit der Geschichte des Maorikriegers auseinandersetzen, um die Stärken und Schwächen dieser Rolle in der jetzigen Gesellschaft einschätzen zu können.

Meine Aufgabe bestand damals gerade darin, auf Rangi zu warten, in der Hoffnung, er würde auftauchen, um das Werk zu vollenden, welches für uns gemeinsam bestimmt war. Ich war besorgt, da die Energien, welche ich in mir trug, anzeigten, dass die Zeit drängte. Rangi aber ließ sich nicht blicken und so wartete ich auf die nächste Botschaft aus den geistigen Reichen, um zu erfahren, wie es weitergehen sollte.

Eines Nachts stand ich im Freien vor dem Schlafhaus, betrachtete den wolkenlosen Himmel und sah über den Fluss, wo die Plejaden funkelten. Ich bemerkte, dass sie mit großer Lebhaftigkeit erschienen, wieder verschwanden und tanzten. Das war so ungewöhnlich, dass ich einige Freunde holte, damit sie das Schauspiel auch verfolgen konnten, und sie wurden nicht enttäuscht.

In meinem Zelt lag ich noch hellwach bis in die Nacht, als ich unvermittelt eines der uralten Maorilieder aus dem Boden heraufdringen hörte. Die Erinnerung an sich wiederholenden Gesang über Jahre weg hatten sich dem Boden eingeprägt. Später sagte mir die Familie, hier habe einst ein altes Marae gestanden, von wo aus ich den Gesang vernommen hatte.

Das Singen dauerte noch Stunden an, während ich in eine Trance glitt. In diesem Zustand erschien mir geistig ein Maorikrieger. Sein Gesicht war mit komplizierten moko, den bereits erwähnten Tattoos, bedeckt. Erst wurden mir Bilder von schwarzen Felsen in dunklem, grauem Wasser gezeigt, gefolgt von einem Schwarm strahlend weißer Vögel, die aus dem Wasser geflogen kamen und die Felsen umkreisten. Mit ihnen begann die Sonne hell zu scheinen und ein Regenbogen bildete sich. Der Krieger sagte mir: „Ich will morgen mit dir zum Wasserfall gehen, um den Geist der Regenbogenleute zu treffen." Danach fiel ich in einen tiefen Schlaf und erwachte erst wieder am Morgen.

Am nächsten Tag hatte ich keine Vorstellung davon, wo dieser Wasserfall sein sollte, schlug aber diesmal einen anderen Weg hinauf zum Urupa ein. Als ich ruhig auf einem Grat stand und auf einen Bach hinabsah, bemerkte ich ein entferntes Wasserrauschen zu meiner Rechten. Der Weg dorthin schien lang und beschwerlich zu sein. In der Siedlung berichtete ich den Ältesten von meinem Erlebnis und fragte, ob in dieser Richtung ein Wasserfall läge. Larry sagte, es gebe dort einen solchen Wasserfall, von dem man ihnen als Kinder gesagt hatte, er sei tapu.

Ma konnte den Regenbogen deuten, denn sie selbst stammte von den Regenbogenleuten ab und kam aus einer Gegend in der Nähe des Flusses, die man das Regenbogental nannte. Dort waren oft solcherlei Naturwunder zu beobachten, die verkehrt herum oder aufrecht standen, auf der Seite lagen, kreisförmig waren oder sonstige Formen bildeten. Ich zeigte ihr das Foto des weißen Regenbogens, das ich bei Puawai in den Hügeln Jerusalems aufgenommen hatte. Auf ihre Frage hin, was dieser weiße Regenbogen für mich bedeute, antwortete ich, er bedeute mir die Annäherung von Menschen verschiedener Stämme. Sie assoziierte ihn mit Tod. Rückblickend konnte er beides besagen.

19
Der Donnervogel begegnet dem Aal

Mit einer Freundin machte ich mich auf den Weg zu dem Wasserfall, welcher in Richtung jener Stelle lag, an der ich einige Jahre zuvor den Stein mit dem Mayagesicht fand.

Dieser Stein hatte mich gebeten, ihn für eine Weile zurück in seine australische Heimat zu bringen und ihn später wiederzuholen. Ich hatte ihn unwillkürlich aufgelesen, als ich auf einem Felsen saß, zu dessen Fuß der Bach in den Fluss mündete. Nun wollte er auf dem Weg an der Mündung vorbei zum Wasserfall zurückgebracht werden.

Das bedeutete für uns einen Umweg, zumal der Pegel des Flusses gestiegen war und wir gegen eine starke Strömung ankämpfen mussten, um die rutschigen Ufer hinaufzugelangen. An manchen Stellen standen wir bis zur Hüfte im Wasser, bis wir endlich an der Festung des Wächters direkt an der Mündung angelangt waren.

Zum Glück werden einem bei der Arbeit mit Erdenergien zusätzliche Kräfte verliehen, wodurch wir den Weg ohne größere Probleme bewältigen konnten. Zuletzt mussten wir den Bach entlanggehen, der ebenfalls mehr Wasser als sonst führte, wobei es meistens einfacher war, in der Mitte des Wasserlaufs zu waten, als die steilen, schlammigen Ufer hinaufzuklettern. Dabei galt es, viele Felsbrocken und umgestürzte Baumstämme zu überwinden.

Wir kamen an einem großen Stein im flachen Wasser vorbei, der offensichtlich den Geist eines Ahnen beherbergte. Rund geschliffen, wies er eine schuppige Rückseite und auch sonst in allen Einzelheiten die genaue Form eines Fisches auf. In der Welt der Maori ist es nicht ungewöhnlich, Ahnen in Felsen, Steinen, Knochen, Stöcken oder allen möglichen anderen Gegenständen zu finden. Das Land ist von ihrem Geist durchwoben, der sich oftmals äußerst herzlich und liebevoll zeigt. Wie es bei vielen mit den Maori in Zusammenhang stehenden Dingen der Fall ist, wird einem das Herz weit, wenn man in diese Energie eintritt.

Wir hatten unser Ziel fast erreicht, als meine Freundin stolperte und die schlammige Böschung zum Bach hinunterrutschte. Da sie Abschürfungen und blaue Flecke davontrug, beschlossen wir, aus dem Gegner einen Verbündeten zu machen und bedeckten uns vollständig mit Schlamm. Das funktionierte und wir erreichten den Höhleneingang ohne weitere Zwischenfälle.

Da standen wir nun in Badeanzügen und von oben bis unten mit Schlamm beschmiert. Am Himmel zogen schwere, graue Regenwolken entlang und der Höhleneingang lag in kaltem, dunklem Wasser, aus dem sich beiderseits hohe Felsgebilde erhoben, die sich an ihrem oberen Ende fast berührten, was zu der düsteren Stimmung passte. Die kaitiaki, die Wächter der Höhle, hoben sich vom Felsen ab, um uns zu grüßen.

Nachdem wir diese beiden ehrfurchterregenden Wächter, ein Wal zur Linken und ein großer Aal zur Rechten, gewürdigt und ihnen meinen Auftrag beschrieben hatten, fühlte ich, dass ich meinen Weg mit ihrem Segen fortsetzen konnte.

Langsam bewegte ich mich vorwärts, denn es galt mannigfaltige Wesenheiten beiderseits der hohen Felsen zu ehren, ehe sie einem erlaubten, weiterzugehen. Wenn man auf dieser Ebene mit dem Geist des Landes arbeitet, muss man seine Erlaubnis abwarten und die Türen sich öffnen lassen. Vorher kann man seinen Fuß nicht von der Stelle rühren.

Es ist, als stecke man in Beton fest. Nach der Einwilligung des Geistes aber bewegen sich die Füße wie von selbst, ohne dass man darüber nachgedacht hätte. Das Wasser wurde kontinuierlich tiefer, dunkler und kälter.

Die Höhle befand sich am Ende des sich vor mir erstreckenden düsteren Ganges. Als ich kaum noch mit den Füßen den Boden spürte durch die langsam einsetzende Unterkühlung, tauchte aus dem Wasser vor mir ein großer, heiliger, schwarzgefärbter Aal auf.

Im selben Moment blickte ich rechts hinauf und sah einen kleinen Wasserfall, über dem sich ein zweiter erhob. Das Wasser stürzte aus großer Höhe in einem schmalen Gießbach herab. Ein regenbogenfarbener Donnervogel flog die gesamte Länge dieses Wasserfalls hinab. Er stürzt sich durch den Scheitel meines Kopfes, glitt durch mein Herz und traf auf den aufsteigenden Aal.

Völlig durchgefroren wandte ich mich um und suchte so schnell ich konnte den Höhleneingang. Vom Rand des Wassers aus warf ich einen Stein, den ich aus einem heiligen Bezirk im australischen New South Wales mitgebracht hatte, in das Reich des Aals. Als er die Wasseroberfläche berührte, funkelten die dunklen Felswände, die Sonne kam heraus, erleuchtete die ganze Gegend und wärmte sie. Es war wie in der Vision, die ich in der Nacht zuvor hatte, in welcher die dunklen Felsen und Wolken von den um sie fliegenden weißen Vögeln erleuchtet wurden.

Eine spirituelle Arbeit dieser Art zu vollenden ist sehr befriedigend. Obwohl Rangi nicht mitgekommen war, hatte der Geist einen Weg gefunden. Wir kehrten erschöpft, aber ungemein froh zum Marae von Tieke zurück, wo wie immer eine Tasse heißen Tees auf uns wartete. Aber man rief uns nach draußen, und zeigte zwei prächtige Regenbogen, die von der Gegend des Wasserfalls aus die Felder und Wälder bis zu unserem Marae überspannten. Man sah das als eine Ehrung durch die Geister der Regenbogenleute und als Bestätigung, dass wir diesen Teil der Reise abgeschlossen hatten.

20
Die weiße Feder

Tags darauf blickte ich auf meinem Weg zum Urupa über den Bach hinweg zu den Bäumen und bemerkte zwei Lichtkugeln, die von zwei unterschiedlichen Stellen hoch an den Hängen, aber nicht ganz auf deren Kuppe, leuchteten, und wusste, dass ich dorthin gehen sollte.

In der Hoffnung, es würde sich noch ein Gefährte für die anstehenden Arbeiten finden, verlängerte ich meinen Aufenthalt in Tieke um einige Wochen. Für meinen nur schwach ausgeprägten Orientierungssinn war das ein schwieriges Gelände, sodass ich sicher war, mich allein in diesem feuchten, schlammigen Terrain zu verlaufen.

Abermals fragte ich die geistigen Sphären, ob ich einen anderen Führer haben könne. Meine Frage wurde verneint, also setzte ich mich widerwillig in Bewegung. Begleitet von bösen Vorahnungen nahm ich Wasser, ein Sandwich und einen leichten Schlafsack mit. Unter normalen Umständen hätte ich dieses Unternehmen niemals begonnen.

Der Aufstieg ging viel schneller vonstatten, als ich zuvor vermutet hatte. An der Stelle, an der sich mir die erste Lichtkugel gezeigt hatte, legte ich eine Pause ein. Nach einer kurzen Meditation setzte ich meinen Weg hangaufwärts zu der Stelle fort, an der ich die zweite Kugel gesehen hatte. Dort wurde mir mitgeteilt, ich sei bereits irrtümlich an jenem zweiten Punkt vorbeigegangen. Im Weitergehen wurde mir klar, dass ich ohne Unterstützung wohl verloren war.

Stunden später stand ich, wohin ich mich auch wandte, vor steilen Uferhängen. Mein Ausgangspunkt musste meilenweit entfernt sein. Ich breitete meinen Schlafsack auf dem klammen Boden aus, verzehrte mein Sandwich und bereitete mich auf die kommende Nacht vor, da es zu spät war, an diesem Tag noch zurückzukehren. Ich schloss die Augen und setzte mich ruhig hin, als ich zu meinem Erstaunen das Rauschen aus großer Höhe herabstürzenden Wassers vernahm und feststellte, dass ich genau über dem Wasserfall saß, an welchem mir der Donnervogel begegnet war. Meine Stimmung hob sich beträchtlich. Nun wusste ich wieder, wo ich war und konnte mich neu orientieren.

Zwischen meinen Füßen lag eine weiße Feder. „Großartig", dachte ich scherzhaft. „Ende des mahi. Ich kann wieder gehen." Bevor ich länger solchen Gedanken nachhängen konnte, hörte ich rechts von mir ein lautes Rascheln. Unsichtbare Hände bogen dort das Gestrüpp und das hohe Gras des Unterholzes auseinander und gaben einen breiten Weg frei. Skeptisch ging ich hinüber und sah, wie sich ein Pfad bis hinunter zum Bach zeigte. Von dort aus kannte ich den Weg nach Hause und mir blieb gerade noch genug Zeit, den Wasserlauf vor Einbruch der Dunkelheit zu erreichen. Bei meiner Ankunft nahmen die anderen gerade ihr Abendbrot ein. Larry stellte mich den neu eingetroffenen Gästen mit folgenden Worten vor: „Und Jenes, was da gerade aus dem Buschland kommt, das ist Anne."

21
Die Urupas

Nach der Erfüllung meiner Aufgabe hätte ich wieder nach Hause fliegen können. Ich beschloss jedoch, zur Abwechslung einmal Urlaub zu machen und Tieke in meinem normalen Bewusstseinszustand erleben.

Kurz darauf brachte man die Gebeine einer Ahnin, deren Grab einer Straße weichen musste, nach Tieke, um dort ihre endgültige Ruhestätte zu finden. Ihre Familie wusste allerdings nicht, wo sie sie bestatten sollte. Mit der ihnen eigenen Sorgfalt wollten sie den dafür spirituell richtigen Ort in Erfahrung bringen. Sie wandten sich deswegen an mich, jedoch konnte ich ihnen zunächst nicht weiterhelfen. Vielleicht, meinten sie, träume ich in der folgenden Nacht davon. Normalerweise habe ich selten prophetische oder auch nur interessante Träume. In dieser Nacht aber kam die alte Frau im Traum zu mir. Sie hielt ihre Knochen in den Händen und sagte: „Der Leib vergeht, der Geist aber überdauert. Mein Geist weilt im Miro-Baum."

Am Morgen übermittelte ich diese Nachricht der Familie, woraufhin wir feierlich und ernst den Urupa hinaufstiegen. Nahe am Eingang des Urupas stand ein Miro-Baum, von dem wir annahmen, es sei der besagte. Wir stellten uns im Kreis neben ihn und warteten auf weitere Führung. Alle blickten auf mich; da erfuhr ich, jemand aus dem Kreis wisse, wohin wir uns wenden sollten. Noch ehe ich zu Ende gesprochen hatte, machte sich Ma auf den Weg in Richtung eines Ponga-Haines, wo ein anderer Ahne seit vielen Jahren begraben lag.

Tags darauf bat mich eine Angehörige der Familie, mit ihr im Schlauchboot zum anderen Flussufer überzusetzen. Im dort auf dem Familiengrundstück gelegenen Urupa waren ihre Eltern beigesetzt. Wir verbrachten den ganzen Tag an diesem friedvollen Ort.

Am nächsten Morgen fuhr ich mit dem Schnellboot nach Pipiriki. Rangi und meine anderen Freunde aus dem Wanganui-Gebiet nahmen mich zum Marae von Matahiwi mit, wo sie an diesem Wochenende einen kreativen Workshop für Kinder betreuten. Dort lernte ich, Ohrringe in Form von mythischen Körben der Weisheit aus dunklem und hellem Flachs zu flechten und freute mich, einige Zeit mit den Kindern verbringen zu können.

Ich erzählte Rangi von meiner Reise und er schien am Boden zerstört. Dabei musste ich feststellen, dass sein Geist ihn verlassen hatte. Ihm blieb vielleicht nicht mehr viel Zeit in dieser Welt, was für alle einen großen Verlust bedeuten würde. Wenn jemand nicht gewillt ist, zur gebotenen Zeit den nächsten Schritt seines spirituellen Weges zu gehen, entschließt er sich stattdessen nicht selten, die Erde zu verlassen. Ich war betroffen und konnte mir nur sagen, ich habe alles in meiner Macht Stehende getan, um ihm zu versichern, dass die Weisung aus den höchsten spirituellen Gefilden kam und er nichts zu befürchten hätte. Später sollte ich noch einmal mit einigen Familienmitgliedern in deren Kanus nach Matahiwi fahren, um den dortigen Urupa aufzusuchen. Auch hier war es überaus friedlich und angenehm, jedoch fragte ich die Geister, weshalb ich inzwischen zu drei verschiedenen Urupas gebracht worden sei. Ihre Antwort lautete, einige der Alten wollten eine letzte Verbindung mit den Bewohnern des Landes herstellen, ehe jene sie verlassen mussten, um in andere Welten einzugehen. Sie verweilten dort, sagten die Geister, bis sie fühlten, das Land sei sicher in die Obhut ihrer Familien zurückgelangt.

In Neuseeland zeigten sich mir die Ahnen der Maori als alte Frauen in schwarzen Gewändern mit kurzem weißem Haar. Hinter ihnen stand jeweils eine hohe Gestalt mit dem Kopf eines Vogels und dem Körper eines Menschen, ähnlich dem ägyptischen Gott Thoth. Die Maori führen übrigens ihren Stammbaum, das whakapapa, bis auf das alte Ägypten zurück.

22
Nachteulen an der australischen Ostküste

Zurück in Australien reiste ich mit Moana die Ostküste hinauf. Dabei besuchten wir die Aborigines Lorraine und Elaine Williams, die Schwestern Lucys, die wir in Pakaitore kennen gelernt hatten. Wir blieben außerdem eine Zeit lang in Glastonbell, wo Moana an verschiedenen Stellen Verbindung mit ihren Maoriahnen aufnahm. Viele Maori gelangten nach Australien, sowohl in ferner Vergangenheit als auch heutzutage.

Eine Freundin vom Wanganui hatte mir erzählt, wie sie sich einmal auf die einzige Reise außerhalb ihrer Heimat begeben hatte. Sie wollte einen Onkel besuchen, der angeblich in Bondi wohnte. Als sie in Bondi Beach ankam, traf sie ihren Onkel jedoch nicht an, und das Haus schien verlassen zu sein. Unschlüssig ging sie zum Bahnhof zurück und setzte sich gegenüber einem alten Aborigine auf eine der Bänke. Nachdem sie einige Zeit so gesessen hatten, ging sie zu dem alten Mann hinüber und setzte sich neben ihn.

Er fragte sie, ob sie wisse, dass sie über den Gebeinen ihrer Ahnen sitze, und erzählte ihr einige Geschichten. Meine Freundin berichtete ihm daraufhin von sich und ihrer Reise. Sofern sie ihm vertraue, entgegnete der Aborigine, könne sie mit ihm in seine Heimat kommen.

Sie willigte ein und bei ihrer Ankunft in Woollongong kaufte sie, wie bei den Maori üblich, wenn sie jemanden besuchen, einen großen Korb Essen – sie dachte, sie seien bereits nahe an seinem Wohnort. Der alte Mann bat sie, ihm zu folgen, und sie liefen lange Zeit, bis sie das Buschland erreichten.

Er ging voran und führte sie einen Pfad durch den Busch entlang, während ihr Korb immer schwerer wurde. Sie sprachen kein

Wort, bis er sie aufforderte, so lange auf seinen Hinterkopf zu sehen, bis er sie heißen würde, stehen zu bleiben.

Sie fühlte in der Umgebung eine sonderbare Energie, als sie aber aus dieser heraustraten, standen sie auf einer Lichtung und waren angekommen.

Meine Freundin hatte erwartet, mehreren Familien aus dem Stamm des alten Mannes zu begegnen, fand aber nur einen Medizinmann in seinem Lager nahe dem Eingang zur Lichtung vor. Er rieb sie mit rauchenden Eukalyptusblättern ein, um sie von den Energien der Stadt zu reinigen. Anschließend führte der Alte sie etwas in der Umgebung herum.

Sechs Monate lang, in denen sie nur wenig sprachen, lebte sie wie die beiden Aborigines. Nach Ablauf dieser Zeitspanne meinte der alte Mann zu ihr, sie könne nun gehen, und brachte sie zurück zum Medizinmann. Dieser fragte sie, welchem Stamm sie angehöre. Als sie antwortete, sie gehöre den Ngati Ruru, dem Nachteulenstamm, an, erklärte der Alte, er habe das vermutet, da er auch diesem Volk, den Doonooch, entstamme.

Auch unterhielten Moana und ich uns mit einigen Angehörigen der an der Wreck Bay ansässigen Doonooch. Diese statteten gerade Tieke einen Besuch ab und wohnten bei jenen Familien, die auch unsere Gastgeber waren. Ich fühlte, dass die Nachteule ebenfalls Teil meiner Verbindung zu diesen Menschen war.

Als ich noch in Schottland lebte, hielten sich immerzu Eulen in der Nähe meiner Mutter auf. Damals kündigten sie oftmals düstere Phasen an. In jüngster Zeit hatten sich immer mehr Eulen in meiner Nähe gezeigt, besonders an Tagen, die einer Reise nach Neuseeland vorangingen.

Einmal saß ich am Tag vor der Abreise mit einer Freundin im Nationalpark auf der Veranda und trank mit ihr eine Tasse Tee. Wir hatten uns dort wegen eines plötzlichen Regengusses untergestellt. Als wir an einem hohen Baum emporsahen, der in unserer Nähe stand, bemerkten wir eine riesige Eule, die von ihrem Ansitz aus in den Regen blinzelte.

125

In dieser Gegend waren uns schon öfter die hier lebenden großen Eulen begegnet, aber diese hier war zwei- oder dreimal so groß wie die herkömmlichen. Meine Freundin spürte ihre Schwingung auf sich einwirken, während die Eule unverändert dasaß und uns anblinzelte.

Erfahrungsgemäß tauchen Geistervögel gerne auf, wenn man sie am wenigsten vermutet. Diesmal wollte ich mir aber doch von einem der Ranger bestätigen lassen, dass es sich hier tatsächlich nicht um einen gewöhnlichen Riesenkauz handelte.

Binnen kurzem hatten sämtliche Ranger und sonstige Mitarbeiter ihr Büro verlassen und erklärten uns, sie hätten noch nie eine so riesige Eule gesehen. Immerhin sahen wir sie alle. Das ist nicht selbstverständlich, denn in solchen Situationen fragen die Leute häufig, von welcher Eule man denn rede – da wäre ja gar keine.

23
Die Plazenta und das Treffen der Tamahakis

Bei meiner nächsten Neuseelandreise wurde ich mit einer besonderen Aufgabe betraut. Ich sollte unter den dafür vorgesehenen Ritualen die Plazenta eines Maoribabys, das gerade in den Blauen Bergen von Sydney zur Welt gekommen war, an mich nehmen und sie dem Priester des an der alten, mir wohlbekannten Wanganui-Flussstraße gelegenen Marae von Ranana überbringen, in dem die Familie des Kindes lebte. Die Plazenta musste natürlich in Eis transportiert werden und es war Eile geboten.

Doch bevor alles soweit war, schaute ich bei meinen Freunden Christine und Ross Wallis in Ohakune vorbei, die am folgenden Tag einem Treffen des Stammes der Tamahaki in Raetihi beizuwohnen gedachten.

Bei unserer Ankunft waren die Vorbereitungen für das Treffen bereits im Gange und ich freute mich, so viele bekannte Gesichter wiederzusehen. Das Treffen wurde von den üblichen heftigen Aufwallungen und Streitereien begleitet, bot aber auch die gewohnten positiven Seiten, wie den ungezwungenen Gedankenaustausch und die freundliche Atmosphäre.

Die Tamahakis der mittleren Flussabschnitte durchlebten noch immer schwierige Zeiten, in denen ein Treffen mit Regierungsvertretern des DOC das nächste jagte. Auch hier ging es um Besitzansprüche bezüglich des Landes und Flusses.

Ich fragte, wann die Maori das Neujahrsfest begehen, denn an diesem Tag sollte ich auf den Gipfel des Matahiwi steigen, „wenn die Plejaden am Himmel aufgehen." Man wies mich an Hone, der von den Maniopoto aus der nördlich gelegenen Waikato-Region entsandt worden war. Zuvor wurde mir von mehreren Seiten empfohlen, den alten Sternentempel und das Lernhaus von Te Miringa Te Kakara aufzusuchen. Ich nahm mir vor, diesem Rat zu folgen, wartete aber auf einen Wink, um den richtigen Zeitpunkt zu wählen.

Hone lud mich schließlich ein, einige Zeit bei ihm zu wohnen und den Sternentempel zu besuchen, der sich in seiner Gegend befand. Das fügte sich wunderbar, denn zum ersten Mal hatte ich meinen Rückflug nicht von Wellington, sondern von Hamilton aus gebucht, das viel näher an seinem Heimatort lag.

Als es an der Zeit war, schlug Ross vor, Christine solle mich im Geländewagen der beiden zu dem Marae fahren, wo die Plazenta der Erde übergeben werden sollte. Die Straße entlang des Flusses war tief verschneit und barg daher einige Tücken. Dazu kamen noch Erdrutsche, die an manchen Stellen die Fahrbahn soweit verengten, dass sie ein größeres Fahrzeug nur noch mit Mühe passieren konnte.

Zu allem Überfluss gab der Wagen unterwegs den Geist auf. Weder Christine noch ich wussten, was zu tun war. Unvermittelt wurde uns aber Hilfe in Form des Priesters von Ranana zuteil, der mit seiner Frau des Weges kam. Sie waren zufrieden, nun die Plazenta des neuen Stammesmitglieds in Empfang nehmen zu können.

Man meinte, durch die Plazenta, welche in der Erde seiner Ahnen begraben liegt, ziehe es einen Menschen immer wieder zurück in sein Marae. Mit Spaten und Stiefeln machten wir uns über die schneebedeckte Koppel auf den Weg zum Urupa, wo für das Baby Gebete angestimmt und Segen gesprochen wurden. Daraufhin begrub man die Plazenta zwischen den Ahnen.

Ganz wie es mir einmal in Aotearoa übermittelt worden war, brach der Ruapehu aus und schleuderte heiße Asche über das Gebiet. Die Maori nennen ihren Ahnen Ruapehu oder auch koro, was „Großvater" bedeutet, und feiern sein Erwachen.

Die Farmer und Loipenbetreiber teilen diese Freude freilich nicht. Die meiste Zeit des Ausbruchs verbrachte ich auf Ross' und Christines Farm, die sehr nahe am Vulkan und fast in Reichweite

des Lavastroms lag. Währenddessen verband ich mich vom Wohn-
zimmer oder einem hohen verschneiten Bergrücken aus intensiv
mit seiner Energie.

Eine düstere Stille lag in der Luft, verursacht vom hohen Schnee,
der Asche und dem Feuer. Tag und Nacht konnte man beobachten, wie der Krater Lavaklumpen in der Größe eines Pkws hoch in
die Luft schleuderte. Nachdem dies einige Tage angedauert hatte,
kehrte ich zurück an den Wanganui, denn es war an der Zeit, den
bei Matahiwi gelegenen gleichnamigen Berg aufzusuchen.

24
Der Berg Matahiwi

Am Neujahrstag der Maori, wenn die Plejaden wieder am Himmel erscheinen, suchten Moana, Rinia und ich zusammen mit Tane dessen Vater auf, um uns ein Kanu auszuleihen und damit nach Matahiwi zu fahren. Dort setzten wir über den Fluss und gelangten so an den Fuße des Berges, auf dessen Gipfel mich im vorigen Jahr eine Lichtsäule aufmerksam gemacht hatte.

Der Aufstieg, den wir barfuß bewältigten, war wieder einmal lang und beschwerlich. Als wir den Gipfel betraten, waren wir bis zu den Knien schlammverschmiert. Vor Einbruch der Dämmerung packten meine Freunde die Campingausrüstung und das Essen aus und errichteten die Zelte. Ich lief derweil unverzüglich über den Bergrücken zu der Stelle, an die ich gerufen worden war. Dort fand ich einen tiefen, unzugänglichen Krater vor.

Die durch mich wirkenden Kräfte gaben mir oftmals Töne oder Bewegungen vor, um eine Frequenz zu ändern. Im Allgemeinen ließ ich diese sich spontan einstellen und hoffte, es sei niemand in der Nähe, den ich dadurch erschrecken könnte. Zumeist konnte ich aber davon ausgehen, alleine zu sein, da die Orte, an welche ich gesandt wurde, eher abgelegen und nur umständlich zu erreichen waren. Diesmal begann es zu regnen, was oft geschieht, wenn ich solche Rituale abhalte. Als es dunkel wurde, eilte ich in unser Camp zurück, das eine behagliche Nachtruhe versprach.

Daraus wurde jedoch nichts. Wir erlebten alle eine schlaflose Nacht, in der wir auf eine Reise durch verschiedene Sphären geschickt wurden und alle möglichen Wesen trafen. Selbst Tane, der, obwohl er ein sehr intuitiver Mensch ist, sonst nie außergewöhnliche Wahrnehmungen hat, sah diese Nacht eine ganze Menge.

Es bestanden wohl viele energetische und historische Gründe für diese an Visionen reichen Stunden. Wie ich erfuhr, hatten sich die alten Tohungas lange Jahre hindurch immer zum Neujahrstag, wenn die Plejaden am Himmel aufgingen, in meditativen Kreisen auf den Gipfel gesetzt.

Die Ältesten sagten mir, der Krater sei tapu, und wenn Hunde bei der Schweinejagd hineinliefen, seien diese verrückt geworden. Ein alter Mann, der in dieser Gegend aufgewachsen war, fand dort einmal als Kind ein großes Goldstück, sei aber daraufhin von seinen Eltern derart dafür gescholten worden, den Krater betreten zu haben, dass er nur ungern darüber sprach.

Später fuhren mich meine Freunde vom Marae von Matahiwi aus über die mir inzwischen vertraute Flussstraße nach Pipiriki, wo ich auf ein Boot wartete, das mich nach Tieke bringen sollte. Mickey war bereits dorthin aufgebrochen, um einige Schnitzer zu treffen, die sich gerade in Tieke aufhielten. Ich nahm also zusammen mit der Familie mein Abendessen ein und ging zu Bett. Einige Tage lang hatte es unentwegt geregnet, was in Neuseeland nicht ungewöhnlich ist. Mir war kalt und ich fröstelte, aber ich fiel in einen festen Schlaf.

Nicht lange und ich wachte auf, weil einige Leute in mein Zimmer kamen und im Schrank nach Schwimmwesten suchten. Zwei hervorragende Jagdhunde waren am Fluss entlaufen und die Männer wollten sie suchen. Im Verlauf der Nacht sollten sich aber noch ganz andere Ereignisse einstellen.

Auf der Herfahrt von Tieke war das Schnellboot außer Kontrolle geraten und auf eine Sandbank gelaufen. Sämtliche Insassen waren über Bord gegangen. Obwohl der Unfall in einer der tückischsten Stromschnellen des Flusses passierte, hatten die meisten im eiskalten Wasser an Land schwimmen können, wo sie mehrere Stunden auf Hilfe warten mussten. Ein junger Mann, der als ausgezeichneter Schwimmer galt, wurde jedoch nicht gefunden. Man hoffte, die Strömung habe ihn flussabwärts getragen, und er habe es geschafft, sich auf eine Sandbank zu retten.

Die erfahrenen Suchtrupps suchten in dieser Nacht und an den folgenden Tagen den Fluss und seine Ufer ab. Die Männer kannten den Wanganui und seine Launen nur zu gut und kamen in vielen Kanus zusammen, um den Körper des Vermissten zu finden. Doch die Hoffnung, den jungen Schnitzer lebend zu bergen, schwand zusehends.

Derweil kochten ihnen die Frauen warme Mahlzeiten, um den Männern Mut zu machen. An den folgenden Abenden beteten wir gemeinsam mit der Familie des Jugendlichen. Mehrere Tage später barg man seinen Leichnam, der in Richtung Stadt getrieben worden war.

Es war einer der traurigsten Momente, die ich am Fluss erlebte, wenngleich noch viele folgen sollten. Das Wetter, die Atmosphäre und die Ereignisse hatten alle in Mitleidenschaft gezogen. Mehrere Leute, mich eingeschlossen, waren an Grippe erkrankt. Meine Freunde vom Wanganui spürten, dass ich litt, und überraschten mich mit einem Ausflug zu Hone in Te Kuiti, was mir nach den Anstrengungen und da ich mich recht krank fühlte, ungemein wohltat.

25
Der Sternentempel – Te Miringa Te Kakara

Einige Zeit vor diesen traurigen Ereignissen ging ich am Ufer des Wanganui entlang. Da flog mir ein Habichtfalke beinahe ins Gesicht, um mich auf sich aufmerksam zu machen. Ich blieb stehen, um die Botschaft zu empfangen, die er mir überbrachte. Mit einer Hand umfasste ich in meiner Tasche gerade die Knochenschnitzerei mit den beiden Vögeln.

Es war an der Zeit, erfuhr ich, die Erdenergien auf dem Netz zwischen Wanganui und Te Miringa Te Kakara, dem Sternentempel, zu vereinigen und ihre Blockierung aufzuheben.

In alter Zeit verankerten die Maori die einzelnen Maraes entlang des Flusses mittels einer Reihe geschnitzter Stangen, sogenannten pos, an bestimmten Stellen in der Erdenergie. Das Wissen um diese Methode wurde von den Tohungas jener Zeit gehütet.

Stangen im Fluss waren mit dem po in der Mitte des Cross Houses in Te Miringa, einem der heiligsten Orte der Maori, an den früher die angehenden Tohungas kamen, um ihre hochentwickelten Künste zu erlernen, verbunden. Es heißt, die Sternenleute hätten das ursprüngliche Haus errichtet, und große Weisheit sei dem Land im Herzen von North Island eingeschrieben.

Als der Junge mir damals die Schnitzerei überreichte und ich die darin enthaltene Energie spürte, nahm ich sie mit zum Haus, wo Moana und ich uns hinlegten und auf ihre Energie einstimmten. Gemeinsam erlebten wir eine Reise von Wanganui aus stromaufwärts, vorbei an all den Maraes und pos entlang des Flusses. Ich folgte dem Weg unterhalb und Moana dem oberhalb der Erdoberfläche. Dabei beseitigten wir alle Hindernisse, auf die wir trafen. Auf der Oberfläche begegnete Moana vielen ihrer Ahnen, sprach mit ihnen und heilte ihren Kummer.

Tane und Moana fuhren mich nach Te Kuiti, wo ich vor allem das Cross House von Te Miringa besuchen wollte. Allein, als ich in Hones altem Haus in den Hügeln eintraf, kehrte die Grippe, die ich mir in Pipiriki eingefangen hatte, diesmal stärker als zuvor, zurück. Ich musste einige Tage das Bett hüten, während Hone freudig seine Gäste vom Fluss umsorgte. Als ich mich genügend erholt hatte, um etwas unternehmen zu können, bereiteten sich die anderen gerade auf die Heimreise zum Wanganui vor.

Hones Heimat fühlte sich ebenfalls sehr stark an und war vom Geist der Ahnen erfüllt. Wir gingen zu einer nahegelegenen Höhle, in der sein Vorfahre Maniopoto gelebt hatte. Sie war sehr dunkel und zunächst setzte ich mich vor ein tiefes, abgesenktes Wasserbecken. Nachdem ich einige Zeit meditiert hatte, öffnete ich meine Augen, die sich inzwischen an das Dunkel gewöhnt hatten.

Eine weiße Hand schien sich aus dem dunklen Wasser unter mir zu erheben. Als ich mich nach vorn beugte, um sie genauer zu betrachten, flog ein mächtiger weißer Adler an mir vorbei aus der Höhle heraus. Ich erfuhr, Maniopoto sei ein Häuptling gewesen, dessen Totem der schwarze Adler gewesen war, was im Gegensatz zu dem weißen Adler als Totem seines Stammes stand.

Bei einem späteren Besuch dieser Höhle sah ich, als ich über das Wasserbecken hinweg zu einem kleinen Sims blickte, eine steinalte Frau, ein Spinnrad, ein Netz und eine große Spinne. Die alte Frau sagte, sie sei Maya, welche die Illusion des Lebens webe, während Großmutter Spinne ebenfalls ihr Netz spann.

Rangi, der die Kunst des Vogeltanzes von dreizehn verschiedenen Vögeln untadelig beherrschte und ihn auch lehrte, hatte mich gewarnt, mich nicht im Tanz der Spinne zu verfangen. Ich hätte mich dieser Worte wohl entsinnen sollen, als ich die Festung Maniopotos betrat.

Am selben Abend besuchten uns in Hones Haus zwei Schwestern aus Te Miringa, die erzählten, sie hätten den weißen und den schwarzen Adler wieder zusammen am Himmel fliegen sehen.

Te Miringa Te Kakara bedeutet in etwa „Duft des Waldes", allerdings gibt es dort inzwischen in Folge der Schafzucht nur noch wenige Bäume. Aber die Reste des uralten Tempels befinden sich noch da und ein jüngerer Bau wurde daneben errichtet. Die Gegend, sowohl heftigen Winden als auch starken Energien ausgesetzt, empfing uns bei diesem ersten Besuch mit Eiseskälte. Ich legte mich im Cross House aufs Gras neben die Reste des mittleren Stabes und spürte sogleich den Strom klarer Energie, als all die Stäbe im Wanganui sich verbanden.

Daraufhin vernahm ich die Worte: „Dein Werk ist vollbracht." Das hört man gerne. Ich hatte die Barriere zwischen Kelten und Maori überwunden. Türen waren geöffnet und die Stäbe des Energienetzes verbunden worden. Der Adler hatte sich mit der Schlange und der Donnervogel mit dem Aal vereint. Gleichwohl stellte sich heraus, dass meine Arbeit in Neuseeland bei weitem noch nicht beendet war, sofern meine Verfassung es zuließ, sie fortzuführen.

Das Land um Te Kuiti herum ist reich an Kalkstein und dank durchgängig vorhandener unterirdischer Wasservorkommen üppig bewachsen. Es gibt viele Höhlen, in denen man bis weit hinab unter die Erdoberfläche blicken und Wasser fließen sehen kann. Der Kalkstein bildet in den Höhlen interessante Formen. Es finden sich einige sehr alte Stalagmiten und Stalaktiten, die in dieser unterirdischen Welt ein eigenes Leben führen. Ein besonderer Stalagmit ähnelt einer Großkatze und erhebt sich vom Boden einer großen Höhle gleich einem Wesen, das aufmerksam über sein Gebiet wacht.

Dieser zählt zu jenen, welche den Maori heilig waren, und man sagte, er übertrage Energie und Botschaften aus der Welt des Sirius. Der Stalaktit über ihm galt als der Empfänger von Nachrichten an die Wesen des Sirius. Wie alle alten Völker kommunizierten die Maori regelmäßig mit ihren Sternenvertrauten.

Der Ort war nicht einfach zu erreichen. Man musste eine Felswand emporklettern und die dunklen Seitenwege eines schmalen Durchlasses entlanggehen, bis dieser sich zu einem weiten Raum öffnete, welcher den Stalagmiten schon lange Jahre beherbergte. Der Durchlass setzte sich fort und vereinzelt konnte man einen Blick durch die Kalksteinöffnungen erhaschen und, sofern man eine Lichtquelle mitgenommen hatte, den Fluss unter sich dahinströmen sehen.

Als ich mich dort über diesen Ort erkundigte, wurde mir gesagt, er verbinde sich jedes Jahr am 22. Mai mit der anderen Welt, wenn die Energie für diese Brücke am stärksten war.

26
Mangapapapa und der Pureora-Wald

Eine alte Freundin in Australien hatte ein Grundstück, das nahe jenem Abhang lag, an dem wir eingangs die Erlebnisse mit den Adlern und den Knochen der dort ermordeten Aborigines hatten. Einige Aborigines hatten sich weiterhin dort getroffen und indem sie mit uns über ihre Geschichten und Hoffnungen sprachen, nahmen wir Anteil an ihren Problemen. Die größte Sorge der älteren Leute war es, den Jugendlichen zu helfen, ihren Weg in der modernen Welt zu finden, und ihnen die Überlieferungen mitzugeben.

Ein über achtzig jähriger Ältester führte uns zu einem Berg, wo in alter Zeit die Jungen initiiert worden waren. Der Junge begab sich dazu in dieses Gebiet, wo ihn ein Priester am Fuß des Berges an einem großen goldenen Stein erwartete, welcher den Initiationszeremonien diente.

Der Initiant wartete in einiger Entfernung, während der Priester das Totem des Jungen auf dem Stein zerschlug und sein Blut darüber fließen ließ. Sodann rieb der Priester seine Hände am Gold und benetzte sie mit dem Blut, um die beiden Energien in seine Hände aufzunehmen. Er stieg auf den Felsen und meditierte, wobei er seine Hände dem Himmel entgegenstreckte, bis sie wie Feuer brannten. Danach stieg er zu dem wartenden Jungen herab und rieb seine Hände über dessen Schultern, um ihn mit seiner totemistischen Energie zu erfüllen. War das getan, konnte der Junge heiraten und in das Gebiet eines anderen Stammes gehen.

Im Geist wurde mir gesagt, verbänden sich die plejadischen Wesen durch das Blut und die des Sirius durch das Gold.

Die dort ansässigen Aborigines hörten interessiert den Berichten darüber zu, wie die Maori mit ihren Jugendlichen arbeiten. Beispielsweise unterhielten sie eigene Vorschuleinrichtungen, in denen ihre kleinen Kinder die Maorisprache lernten. Vor nicht allzu langer Zeit war es als Teil eines Programms zur Schwächung der Identität der Ureinwohner gesetzlich verboten worden, Maori zu sprechen, sodass eine Generation es wie eine Fremdsprache lernen musste. Stan und Barry, zwei Aborigines der Ostküste, wollten gerne mit mir kommen und die Ältesten treffen.

Dazu bot ein Treffen der ältesten Ureinwohner aus allen Weltteilen Gelegenheit, das im Marae von Manu Ariki in der Nähe von Te Kuiti noch im selben Jahr stattfand. Zwölf meiner Freunde, darunter auch Stan und Barry, kamen schließlich mit.

Erstaunt stellten wir bei näherer Unterhaltung im Marae fest, dass ebenso viele Völker vertreten waren. Wir begrüßten Delegierte aus Deutschland, Dänemark, Schottland, Afrika und dem Libanon, außerdem der Cherokee, Sinti und Roma sowie zwei australische Aborigines und drei australische Nicht-Aborigines. Für mich war es wie das Versprechen des weißen Regenbogens, dass die Stämme zueinander fänden.

Nicht alle folgten dem von uns erstellten Reiseplan, aber die meisten trafen in Wellington ein und wurden von Tane und Moana vom Flughafen abgeholt. Nach einigen Tagen in Wanganui und Besuchen an solchen Orten wie dem Lake Taupo, setzten wir die Reise auf der Flussstraße zum Marae von Matahiwi fort, um uns der Versammlung im Ra anzuschließen.

Auch diesmal war die Mehrzahl der Besucher vom traditionellen Willkommensgruß überwältigt und das Ra stellte eine wunderbare Einführung in die Welt der Maori dar. Rangi begegnete mir freundlich, nachdem der Druck des Geistes von ihm genommen war, doch bedauerte ich seine Unfähigkeit, seinen Teil im Ganzen des Werkes annehmen zu können.

Ich wusste ja, es war noch nicht abgeschlossen, und Rangi machte keinen gesunden Eindruck auf mich. Kontakte und Freundschaften wurden geknüpft und Stan und Barry, die wir inzwischen Ban und Starry nannten, amüsierten sich köstlich und fanden alles sehr anregend, was sie sahen und lernten.

Auch die Intensität und Emotionalität des Heilens und Austauschens, begünstigt durch die starken Schwingungen des Ortes, soll erwähnt werden. Von Matahiwi aus fuhren wir in unseren beiden Minibussen weiter nach Pipiriki, wo uns das große Schnellboot nach Tieke erwartete. Zunächst genossen wir jedoch einige entspannte Tage, ehe wir uns auf den Weg zu einem in wirklich unberührter Wildnis liegenden Marae machten, das, ähnlich wie Tieke, nur per Kanu oder Schnellboot zu erreichen war.

Mangapapapa ist ein besonderer Ort, den wir aus einem ganz besonderen Anlass aufsuchten. Die dort lebende Familie empfing uns im Marae auf eine recht strenge Art und Weise, die aber durch den sanften Gesang des waiatas der Frauen gemildert wurde.

Die Energie war so intensiv wie explosiv und die Sinne der Anwesenden stellten sich in aller Feinheit auf die Umstände ein. Die Präsenz sowohl der Energie der Ahnen als auch der jetzigen Hüter des Landes lenkte unsere Aufmerksamkeit recht schnell auf die Gegenwart. Man erklärte uns, auf diesem Land seien bittere Auseinandersetzungen ausgefochten worden.

Vielleicht trugen diese ihren Teil zu dem Kontrast zwischen der Atmosphäre dieses Ortes und dem friedlichen Tieke bei. Während unseres ganzen Aufenthaltes herrschten Spannungen, ungeachtet derer es auch sehr schöne Momente gab, wenn man etwa abends zur Musik von Didgeridoo und Gitarre sang. Wir hörten den Männern zu, wenn sie aufstanden und sich in ihrer Sprache unterhielten, wobei sie gelegentlich für die Besucher aus Übersee dolmetschten. Danach boten wir allen reihum die Möglichkeit, zu sagen, wer sie seien, woher sie kamen, wie sie den Fluss und ihren Aufenthalt in Mangapapapa empfanden, und was sie sonst noch gerne mitteilen mochten.

Oft verlief das sehr emotional, da es bei diesen Treffen unerlässlich war, alte Wunden zwischen den Völkern aufzubrechen, damit diese geheilt werden konnten. Vor allem dazu diente diese Reise. Es war mir eine zusätzliche Bestätigung, dass die Türen zu einer innigeren Beziehung geöffnet worden waren, und bei meiner

Abreise ehrte mich der Hüter von Mangapapapa mit den Worten, dass ich über den dazu nötigen Schlüssel verfüge.

Die Schranken zwischen Kelten und Maori schienen in der Versammlung dieser größeren Gruppe tatsächlich überwunden worden zu sein, sodass ich begeistert und erleichtert weiter reiste.

In Pipiriki nahmen einige von uns einen Minibus und wir fuhren die Flussstraße weiter nordwärts nach Raetihi. Die durch anhaltende Niederschläge verursachten Erdrutsche hatten die Fahrbahn in diesem Abschnitt mancherorts beträchtlich verengt.

Bei unserer Ankunft in Te Kuiti meinten dessen Bewohner, sie hätten noch nie eine weiße Aborigine gesehen. Stan und Barry saßen einigermaßen perplex auf dem Rücksitz und wussten nicht so recht, was sie davon halten sollten. In Te Kuiti hatte man Matratzen in der stillgelegten Wartehalle des Bahnhofs dicht an dicht für uns ausgelegt. Wegen des Lärms in der Stadt und des vorbeidonnernden Eilzuges fanden wir in dieser Nacht nicht viel Schlaf.

Am Morgen wurden wir früh geweckt und freundlich gebeten, an einem zehntägigen Ausflug mit Zelten und Schlafsäcken in den Pureora-Wald teilzunehmen. Dieser Wald ist wahrhaft bezaubernd und ich denke, jeder aus der Gruppe begegnete einigen Ahnen, selbst die skeptischsten unter uns, wenngleich die meisten mitgekommen waren, weil sie schon viele solche Erfahrungen gesammelt hatten.

Wir besuchten eine über tausendjährige Kaurifichte , die den Maori als Ahne galt und deren Stamm im unteren Bereich von Bränden oder einfach von der Zeit so weit ausgehöhlt war, dass zwölf Kinder oder acht Erwachsene bequem darin Platz fanden. Dieser Baum war ein kraftvoller Vermittler bedrückender Einsichten und Eindrücke, die uns allen zuteil wurden.

Wenn die Maori ihre Wälder betreten, um sich einem dieser Ahnen zu nähern, singen sie während des Weges zur Begrüßung ein waiata. Ähnlich halten wir in Australien beim durchwandern einer Gegend, mit der wir eine Verbindung realisieren, inne und tun laut oder im Stillen unser Vorhaben kund, auch dass wir in

Liebe und Ehrfurcht kommen und um Erlaubnis bitten, einen Ort zu betreten. Damit gehen wir einen intimen Kontakt mit dem Geist der Erde ein. Der Pureora-Wald ist voller Vögel, die auf die Anwesenheit von Menschen antworten, wenn man sich nur bewusst ist, dass man die Heimat und das Gebiet der Vögel betritt.

Die Maorifrauen führten uns ihre Form der Massage vor, die mirimiri, während andere sich über ihre Heilpraktiken austauschten. Man unterhielt sich, ging spazieren, musizierte und freute sich über das Zusammensein. Die meisten der insgesamt etwa sechzig Versammelten hatten interessante spirituelle Anschauungen und Erlebnisse, über die sie miteinander sprachen.

27
Der Phönix begegnet dem Wal

Mehr als zwei Jahre lebte und arbeitete ich in Te Kuiti. In dieser Region betrat ich nun wirklich den Tunnel von Dunkel und Schwere, welcher in der Welt der Maori noch immer zu spüren ist.

Meine spirituelle Reise verlief intensiver als je zuvor, die Zahl der Erlebnisse ist jedoch zu groß, um sie hier im Einzelnen wiederzugeben. Auch würden sie den thematischen Rahmen des Buches sprengen, da sie nicht in unmittelbarer Verbindung mit dem Überwinden von Schranken und Teilungen und dem Herstellen von Einheiten stehen.

Rangi und mir wurde eine letzte Aufgabe hinsichtlich des Flusses gegeben, bei welcher der Phönix dem Wal begegnen sollte. Der Phönix steigt höher noch als der Adler und der Wal legt weite Strecken in noch größerer Tiefe als die Schlange zurück. Das bedeutete, dass die Energien neuer Dimensionen sich vereinten.

Auf einem Spaziergang in den Hügeln um Te Kuiti sah ich, wie sich ein Phönix in den Himmel schwang, gefolgt vom Bild einer Walflosse. Dasselbe sah ich daraufhin in den tanzenden Flammen des Holzfeuers in unserem Zuhause.

Einmal nahm ich zwei Freunde zu einer verborgenen Höhle mit, welche mir sehr lieb war und die in einen jener unterirdischen Wasserläufe übergeht. Als wir in ihrem Inneren standen, stimmte ich ein Lied in gälischer Sprache an und lauschte seinem Nachhall in den Tunneln. Als der Klang verstummte, vernahmen wir statt der erwarteten Stille ein Lied, das uns antwortete. Es war eines der in Tieke beliebtesten Lieder über Vögel beim Beerenfressen. Manche naschten süße Beeren und unterhielten sich lieblich, andere fraßen saure Beeren und ihr Gespräch tönte missmutig. Man gewöhnt sich in Aotearoa an diese Art Vorkommnisse, nimmt sie einfach hin und sucht nicht nach logischen Erklärungen. Die alten Maori arbeiteten sehr stark mit der Umwelt zusammen und hinterließen überall in der Natur ein Echo ihres Wirkens.

Im Lied rief mich Tieke auf, mit dem Aspekt des Phönix zu arbeiten, der dem Wal begegnet. Dabei floss durch mich die Energie des Phönix und durch Rangi diejenige des Wales. Ich hatte keine große Hoffnung, dass Rangi physisch daran teilnähme, fühlte aber die Anwesenheit seines Geistes, wenn ich ihn brauchte, und sorgte mich nun nicht mehr um ihn, denn er hatte seine Wahl getroffen. Ich bedauerte nur den Verlust, den seine Familie und sein Stamm erleiden würden.

Während sechs langer Wochen, in denen ich mit dieser Energie arbeitete, legte ich in Tieke einen schönen und weitläufigen Garten an, in dem nun Gemüse herangezogen werden konnte. An diesem Garten arbeitete ich jeden Tag, um mich zu erden. Ohne diese Tätigkeit hätte ich mich unwiderruflich in anderen Welten verloren. Der Garten wurde allerdings nicht wirklich benötigt und schon bald darauf trat der Strom über seine Ufer und nahm ihn mit sich. Die Arbeit war jedoch getan und ich wandte mich zunächst nach Te Kuiti und dann heim nach Australien.

Kurz nach meiner Ankunft in Glastonbell richtete man mir aus, Freunde vom Wanganui hätten angerufen. Rangi lag im Krankenhaus und es stand nicht gut um ihn. Sofort lief ich in den Meditationsraum und stimmte mich auf seinen Geist ein. Ich sah seine Ahnen alle am Kopfende des Bettes versammelt und mir schien, er sei starken Zwiespälten ausgesetzt und müsse eine letzte Entscheidung treffen, die ihm niemand abnehmen konnte.

Bei solchen Wahlmöglichkeiten gibt es kein Richtig oder Falsch, es gibt nur unterschiedliche Konsequenzen. Ich fühlte noch immer, dass er sich entscheiden würde, diese Welt zu verlassen.

Einige Zeit später stand ich vorm Haus und pflückte Maulbeeren von einem übervoll prangenden Baum. Da dachte ich an das Lied von Tieke, das auch Rangi gerne sang, und das uns damals aus der Höhle bei Te Kuiti entgegenscholl.

Die Beeren waren reif und süß und mir war, als hätte sein Geist die irdische Ebene verlassen und sich frei erhoben. Als ich aufs Haupthaus zuging, kam mir in der Tür ein Freund entgegen und sagte: „Rangi ist heimgegangen." Er war Anfang vierzig und hinterließ eine junge Familie. Ich brauchte deshalb einige Zeit, um mit meinem Anteil an seinem Leben und Sterben ins Reine zu kommen.

Während ich den langen Feldweg entlangging, um meine Post abzuholen, flogen Hunderte Vögel um mich herum, und die geistige Verbindung bestand immer noch. Am folgenden Tag brach ich nach Sydney auf. Ich hatte mich mit einem Maoriheiler verabredet, der Rangi ebenfalls gekannt und wohl bereits von seinem Tod gehört hatte.

Die erste Nacht verbrachte ich in Sydney bei einer Freundin, die mir eine Reikiheilung angeboten hatte. Als sie Reikisymbole auf meinen Rücken legte, erschien Rangis Geist und sagte, er wolle seine Symbole auf meinen Rücken zeichnen.

Tags darauf, als ich zum Haus meines Maorifreundes ging, erklärte mir Rangi das erste Symbol mit den Worten: „Das Ende der Gegensätze. Wir wirken von nun an zusammen." Das zweite Symbol repräsentiert Wasser. Für mich ergab das einen Sinn und ich war erleichtert, dass sich alles fügte.

Bald darauf hörte ich, dass sämtliche Hüter des Flusses, die ich um Erlaubnis gebeten hatte, mit Rangi zu arbeiten, ebenfalls und teils im Abstand von nur wenigen Wochen gestorben waren. Insgesamt waren es acht an der Zahl und einige große Älteste waren gegangen, um den Jüngeren ihren Platz und die Aufgabe zu übergeben, mit der nächsten Phase des Werks fortzufahren.

28
Jatara – Der erste Versuch

Alice Springs. Ich musste für ein Jahr ein Haus mieten und benötigte einen Geländewagen. In der Woche des NAIDOC (National Aborigine and Islander Day of Conciliation) fuhr ich mit einem Maorifreund zu einem Konzert, bei dem er in der „Telegraph Station" auftrat. Dort stellte er mich einem Freund vor, der in Kürze verreisen wollte mich deshalb fragte, ob ich seine Wohnung für ein Jahr mieten möchte.

Die Miete war nicht zu hoch und die Wohnung möbliert. An dem Tag, an welchem ich dort einziehen konnte, musste ich meine derzeitige Unterkunft verlassen. Einige Wochen, nachdem ich mich in meinem neuen Heim eingerichtet hatte, traf eine Freundin aus Übersee ein, um sich mir anzuschließen. Sie stellte ihren Landcruiser zur Verfügung. So fügte sich wieder einmal eins ins andere.

Ich fühlte, es war an der Zeit, Kumbrei wiederzusehen und eine Höhle aufzusuchen, welche ich mit meinem inneren Auge sah und die mich zu rufen begann. Die Höhle befand sich in Jatara. Zu ihr waren die Großmütter gewandert, um dort beisammen zu sitzen, zu tanzen und zu singen, während sie den Stein mit sich führten, den Kumbrei mir geschenkt hatte.

Heute wird diese lange Wüstenreise für gewöhnlich mit einem Geländewagen in Angriff genommen. Damals, als Kumbrei bei ihren Großmüttern aufwuchs, muss es eine wunderbare Erfahrung gewesen sein, mit den alten Medizinfrauen, die das Land so gut kannten und derart enge Verbindungen zu ihren Ahnen pflegten, durch die Wüste zu wandern oder diese auf dem Rücken von Kamelen und Pferden zu durchqueren. Der Geist der Ahnen jedoch lebt noch immer im Land fort. Dort wurde mir offenbart, dass mein Anteil am Überwinden der Schranken zwischen den

Maori und den Kelten erfüllt war und meine aufreibende Arbeit ihrem Ende zuging.

Mit plejadischer Unterstützung wurde ich in die Zeit zurückversetzt, bevor ich in diesen Körper eintrat. Mir wurden die Hauptaufgaben meiner irdischen Reise gezeigt, ihr Zweck, der ebenso mein spirituelles Ziel war, sowie ihre Ergebnisse – sofern ich dieses Ziel bis zu seiner Erfüllung weiterverfolgen würde. Indem ich nach vorn blickte, war es mir vergönnt, die gewählte Art und Zeit zu erfahren, zu der ich die Erde verlassen würde, um in die Welt des Geistes zurückzukehren. Die nächste Reise im langen Lauf meiner Entwicklung sollte in eine andere Sphäre führen, in der ich früher schon verweilt hatte, die sich aber ebenfalls weiterentwickelte.

Mag es auch seltsam klingen, so erwachten doch meine uralten Erinnerungen, wie ich als Werkzeug des Schöpfers am Anbeginn der Zeit über diesen Planeten wandelte und diese heiligen Stätten besuchte, die mir so vertraut erschienen. Deshalb war es in diesem Leben jedes Mal wie eine Heimkehr, wenn es mich dorthin zog, und mir wurde eine ungefähre Vorstellung der Ahnen von jenseits des Schleiers zuteil, die zur Erde kamen, um den Aborigines den Brauch der Initiation sowie Zeremonien, Lieder, Traumpfade und Geschichten zu vermitteln.

Den ersten Versuch, zur Höhle bei Jatara zu gelangen, musste ich abbrechen, als um mich herum diverse zwischenmenschliche Zwiste ausbrachen.

Eines Morgens, als ich auf dem Wüstenboden in meinem Swag bei einer der Gemeinschaften aufwachte, biss mich eine Spinne. Wir waren zu diesem Zeitpunkt etwa zehn Tagen in der Wüste unterwegs, hatten dabei an einer Trauerzeremonie teilgenommen, ein Football-Finale besucht und etwas „Minkalbar" (so wird es jedenfalls ausgesprochen), eine Art Tabak mit leicht berauschender Wirkung geerntet. Die Hitze ermüdete mich zusätzlich.

Wenn die Energien nicht stimmten, war der Versuch, zu diesen heiligsten Orten zu gelangen, aussichtslos. Dazu musste man vollkommen ausgeglichen sein und die Ruhe bewahren. Meine Reisegefährten stritten sich, Kumbrei und mir wurde klar, dass es nicht die richtige Zeit war, nach Jatara zu gehen.

Wir brachen die Reise ab und ich fuhr ins nächste Krankenhaus, welches sich im Touristenort Yulara befand, um den Spinnenbiss untersuchen zu lassen. Als ich dort eintraf, war das Gift bereits in meine Blutbahn gelangt. Trotzdem hoffte ich, der Infektion mit natürlichen Mitteln begegnen zu können. Die Schwester verband die eiternde Wunde und riet mir, Antibiotika einzunehmen, wenn sich nach ein bis zwei Tagen keine Besserung einstellen würde.

Im Motel legte ich mich aufs Bett und erlebte wie mein Bewusstsein abwechselnd schwand und wiederkehrte. Mein Angreifer konnte nicht irgendeine harmlose Spinne gewesen sein. Wie ich später erfuhr, handelte es sich um eine der im Mulgagebiet heimischen Arten, deren Biss tödlich sein kann.

Ich kehrte nach Hause zurück und befand mich kurz darauf im Krankenhaus von Alice Springs, wo ich mit Antibiotika versorgt, die Wunde täglich frisch verbunden und Abstriche genommen wurden. Um den Biss an meinem Handgelenk herum bildeten sich weitere kleine Entzündungsherde.

Spinnenbisse führen mitunter zu Lähmungserscheinungen. Deshalb lag ich mehrere Wochen im Bett und konnte mich kaum bewegen konnte. Ich war wohl kurz zuvor „gestorben", als ein Maorifreund aus Neuseeland einen Traum hatte, in dem ihm seine verstorbene Mutter erschien und ihm sagte, er solle sich um mich keine Sorgen machen. Ich war bereits hinübergegangen, aber sie hatte mich zurückgebracht, damit ich mein Werk vollenden konnte.

Als er Kontakt mit mir aufnahm, berichtete ich ihm, dass ich wegen eines Spinnenbisses eine Zeit lang zwischen Leben und Tod stand. Dann kamen die Großmütter zu mir und sagten, ich solle mich an die Maniopoto-Höhle bei Te Kuiti erinnern, in der ich Maya gesehen hatte, die das Netz der Illusion, und die Spinne, die ihr eigenes Netz webte. Der Biss sollte mich daran erinnern, auf diesen spirituellen Reisen meine Mitte zu wahren und frei zu bleiben, was immer auch um mich herum vor sich ging. Es war lebenswichtig, sich nicht in fremden Netzen oder im Spinnentanz zu verfangen, wie Rangi mich zuvor in Pakaitore gewarnt hatte.

Während des Krankenhausaufenthaltes, hatte ich Zeit über meine Reise nachzudenken. Ich erfuhr, dass noch eine Aufgabe zu erfüllen war, bevor ich zur Höhle gehen konnte. Erst sollte ich mit dem „rubinroten Licht der Reinigung" und danach mit dem „goldenen Licht des Erkennens" arbeiten. Dann würde ich die Erfüllung der Aufgabe des Überwindens der Schranken zwischen Kelten und Maori feiern können.

Bei dieser Art von Arbeit kann man keine Anerkennung oder Lob seitens der Erdenbewohner erwarten. Deshalb bestärken einen von Zeit zu Zeit Regenbögen, Adler oder andere Aufmerksamkeiten des Geistes. Aus demselben Grund wird man, bevor man gebeten wird, eine solche Aufgabe zu übernehmen, durch eine Anzahl Initiationen geführt, damit das Ego nicht mehr fortwährend nach Anerkennung verlangt. Man ist weitgehend auf sich gestellt. Dadurch werden die treibende Energie und der persönliche Ruf als einigermaßen geistig gesundes menschliches Wesen aufrechterhalten.

In einer Vision sah ich das „rubinrote Licht der Reinigung" aus einer kleinen Höhle emporstrahlen. Das „goldene Licht des Erkennens" funkelte in einem Wasserbecken in einer größeren, annähernd runden Höhle. Das Leuchten des Edelsteins gab genug Licht, um zu sehen, dass mehrere Personen, unter ihnen Kumbrei, um das Becken herum saßen.

Die Höhle befand sich in dem Felsen, der Millionen Menschen auf der Welt als Uluru bekannt ist. Auf dem Weg zu ihm folgte ich einem unterirdischen Gang und gleichzeitig einem Weg durch die Zeitalter, welcher die Bewusstseinsströme der Mayas, Hawaiianer, Maoris und Kelten der Vergangenheit um der Erkenntnis und Reinigung willen zusammenführte. Der hawaiianische war für mich eine neue Erfahrung. Gleichwohl war ich unsicher, wie ich zu diesem unterirdischen Gang gelangen sollte.

29
Das rubinrote Licht der Reinigung und das goldene Licht des Erkennens

Sobald ich wieder genesen war, fuhr ich mit einer Freundin zur Mutitjulu-Gemeinschaft am Uluru, denn ich fühlte, dass die Zeit heran war, mit dem „rubinroten Licht der Reinigung" zu arbeiten. Auch wollte meine Freundin einige ihrer dortigen Bekannten wiedersehen.

Zusammen mit einer Gruppe von sieben Aboriginefrauen begaben wir uns zu einer Geburtshöhle im Uluru. Dort angekommen, ließen wir uns nieder, und die Frauen erzählten uns die Geschichte von der ersten Geburt in dieser Höhle, die sich, lange bevor die ersten Aborigines dorthin kamen, ereignet hatte. Ich fühlte, wie sich etliche Ahnen näherten und durch mich hindurch zogen, gefolgt von einer großen schwarzen Schlange mit einem rubinfarbenen Band um ihren Kopf.

Dann bemalte man uns mit Symbolen der sieben Schwestern, der Plejaden. Nun konnten wir uns den Zeremonien anschließen. Später sagte man uns, die Frauen hätten zwei weiße Frauen erwartet, und als ich an diesem Abend die Treppe in unserem Motel hinunterlief, kreuzte eine strahlend weiße Schlange meinen Weg, was für mich ein weiteres bekräftigendes Zeichen des Geistes war.

Obwohl die Schlange viel heller als die üblicherweise in dieser Gegend anzutreffenden war und sich auch sonst sehr von diesen unterschied, wusste ich, dass auch andere Menschen sie sehen konnten, denn ein Junge hatte sie aufgeregt seiner Mutter gezeigt.

Später erhob sich eine ebenso strahlend weiße Wolkenschlange vom Gipfel des Uluru. Vor dem Hintergrund eines tiefblauen Himmels wandte sie sich zu mir um, ehe sie wieder verschwand – eine weitere Bestätigung für mich.

30.
Jatara – Der zweite Versuch

Als ich das nächste Mal mit meinem Plan, nach Jatara zu reisen, an Kumbrei herantrat, fragte sie mich, ob sie Daisy bitten solle, statt ihrer mitzukommen. Das war ungewöhnlich, denn ich reiste meistens mit Kumbrei. Doch es gab sicher einen Grund für ihren Vorschlag. Ich vereinbarte also mit Daisy ein Treffen in Mutitjulu und wir beschlossen, gemeinsam nach Jatara zu fahren, diesmal aber über die kürzere Route nach Norden, ungefähr zweihundertfünfzig Kilometer von Kata Tjuta aus.

Als ich eines Abends in Mutitjulu eintraf, erwartete Daisy mich bereits. Sie teilte mir mit, wir würden am nächsten Morgen mit zwei der Ältesten aufbrechen. Wie üblich war der Geländewagen mit Hunden, Gewehren und Grabstöcken beladen. Dann machten wir uns mit dem alten Ehepaar auf den Weg nach Jatara – das dachte ich zumindest.

Wir fuhren an den Olgas vorüber, passierten Kata Tjuta und bogen links zur Wüstenroute hin ab, die nach Jatara führt. Etwa zehn Minuten später hieß mich Daisy am Rand der Strecke bei den Büschen anhalten. Ein Lagerfeuer wurde entzündet und der Teekessel aufgesetzt.

Die beiden alten Leute verließen das Auto und begannen, nach Honigameisen zu graben. Ich fragte Daisy, wie weit es noch bis Jatara sei, woraufhin sie entgegnete, wir würden nicht dorthin fahren. Dann nahm sie mich auf einen Spaziergang durch das Buschwerk mit. Als ich mich von der Gruppe entfernte, setzte der vertraute tranceähnliche Zustand ein.

Bald schon lag ich auf dem Boden, unfähig, mich zu rühren. Ich erkannte, dass ich mich am Eingang des Tunnels befand, der zur Höhle im Uluru führte, und machte mich auf den Weg zum „goldenen Licht des Erkennens." Ich bezweifle, dass es weise wäre, mehr über diese Erfahrung zu berichten, da sie sich größtenteils in der Realität einer anderen Dimension zugetragen hatte. Sie war besonders wichtig, da es sich um einen notwendigen Teil auf dem Weg, die Schranken zu überwinden, handelte. Es ging darum, die anderen als Freunde aus einer weitentfernten Vergangenheit zu erkennen, und dieses Verstehen setzte sich in der physischen Realität fort.

Der alte Mann, der bei uns war, gehörte zu den ursprünglichen Eigentümern von Uluru, und ich spürte deutlich, dass er es war, der die Reise zu überwachen hatte. Er starb kurz darauf und wurde schmerzlich von den Hinterbliebenen vermisst. Daisy schien mir sein Widerpart hinsichtlich der Angelegenheiten der Frauen zu sein. Meine Aufgaben gingen freilich über die Unterscheidung der Angelegenheiten von Männern und Frauen, die in ihrer Kultur so wichtig ist, hinaus. Daher vermutete ich bereits, dass uns ein Ältester begleiten würde.

Als ich einem Maoriältesten von dieser Reise berichtete, zeigte er sich erstaunt darüber, dass es einer Nicht-Polynesierin erlaubt worden war, den Uluru zu betreten. Dann entsann er sich aber, dass ich ihm einmal von meiner Verbindung mütterlicherseits zu den Stuarts erzählt hatte. Das ergab für ihn Sinn. Er erklärte mir, der Stamm der Stuarts gehe zurück auf den Stamm Davids, wodurch eine Art Verbindung bestehe.

31
Die Höhle bei Jatara – Dritter Versuch

Die Erfüllung meiner spirituellen Aufgabe war in greifbare Nähe gerückt, was mich zusätzlich anspornte. Nach meiner Vermittlung zwischen den Kelten und den Maori hoffte ich, mit reichlich Zeit zum Ausspannen belohnt zu werden. Mehrere Male schon hatte ich spirituelle Belohnungen empfangen, indem mir viele „heilige, verborgene Orte wegen des Mutes, den ich bewiesen hatte" gezeigt worden waren.

Finanziell ging es mir in den vorangegangenen sieben Jahren jedoch nicht sehr gut. Entsprechend lieb wäre mir der Übergang in die normale Realität gewesen. Zu Beginn meiner Reise mit den Ureinwohnern wurde ich gewarnt, dass mir für eine Weile nur sehr begrenzte Mittel zur Verfügung ständen. Doch hätte ich einmal Geld, würden es mir die Stämme abnehmen, damit ich umso besser verstünde.

Im Jahr 2000 fuhr ich in das schätzungsweise fünfhundert Kilometer südlich von Alice gelegene Coober Pedy in Südaustralien, wo Kumbrei wohnte. Sie hatte mir gesagt, sie habe gemalt, worauf ich irgendetwas Beiläufiges erwiderte, da sie immer malte. „Nein", meinte sie, „ich habe die ganze Woche lang gemalt." Was ich dann sah, war eines der vor Lebendigkeit sprühendsten Kunstwerke, das ich je gesehen hatte. Es zeigte eine mächtige Kragenechse , die sich in den Kosmos erhob.

Wir machten uns über die Wüstenroute auf den Weg nach Pipalyatjara, wo Kumbrei wegen des Todes eines nahen Verwandten an Trauerzeremonien teilzunehmen hatte. Wie es auf Wüstenstraßen nicht selten vorkommt, hatten wir schon bald eine Reifenpanne. Nachdem wir feststellen mussten, dass mit den im Auto vorhandenen Werkzeugen nichts anzufangen war, hätten wir uns entweder hinsetzen und auf eine helfende Hand warten, oder mit dem platten Reifen weiterfahren können. Kumbrei entschied sich für die letztere Möglichkeit. Zum Glück tauchte bald jemand auf, der uns das Rad wechselte. Noch immer lagen hunderte Kilometer vor uns und weder hatten wir ein Ersatzrad dabei, noch bestand Aussicht, während der Fahrt eines aufzutreiben. Wir ruhten gewissermaßen wieder im Schoß der Götter.

Schließlich kamen wir doch noch in Pipalyatjara an und verbrachten, nachdem sich der Trauerdienst auch nach dem Begräbnis fortgesetzt hatte, eine Woche im unweit von der Siedlung gelegenen Buschcamp. Auch diesmal fühlte ich mich durch die Energie des Ortes schwer und unwohl. Es ging ständig im Kreis, wenn man sich von den Siedlungen fortbewegte, als sei man im astralen Drama von Vergangenheit und Gegenwart gefangen. Das gehörte natürlich zu meiner Reise und wollte mich darauf aufmerksam machen, keine Zeit mit Nebensächlichkeiten zu vergeuden, denn sonst würde ich mein Ziel, in diesem Fall die Höhle bei Jatara, nie erreichen.

Nach mehreren erfolglosen Versuchen, den Reifen dauerhaft zu reparieren und einen neuen per Flugzeug von Kalgoorlie aus zu bestellen, der schließlich in Alice Springs ankam, meinte Kumbrei, wir würden nach Jatara weiterreisen. Wieder begleitete uns ein Ältestenpaar, diesmal zusammen mit seinem Sohn. Harry, gefolgt von mindestens zehn Hunden, die nach ihm aus dem Auto sprangen, füllte den so freigewordenen Platz mit Swags und Gewehren aus. „Ihr kommt nicht mit", rief er den Hunden zu, aber zwei von ihnen schafften es ins Auto. So brachen wir denn ins große Unbekannte auf, wenn auch immer noch ohne Ersatzrad.

Eine Seitenscheibe war heruntergekurbelt, um fürs Abendessen ein Känguru oder was uns sonst Essbares über den Weg laufen würde, zu schießen. Kumbrei saß am Steuer. Wir hatten vereinbart, dass ich die asphaltierten Abschnitte und sie durch den Busch fahren sollte. Sie kannte das Land wie ihre Westentasche und fuhr den Geländewagen, als sei es ihre Berufung. Sehr zu unserem Vorteil, denn meistens war keine Straße vorhanden; zumindest keine, die mit ungeübtem Auge zu sehen war.

In der ersten Nacht campierten wir unter dem klaren Sternenhimmel in einem mit Spinifexgras und Wildblumen bewachsenen Tal. Rundherum heulten Dingos und die Silhouetten der umgebenden Hügelketten hoben sich im Mondlicht vom Himmel ab. Die anderen schliefen am Lagerfeuer, ich zog es jedoch vor, wegen des Rauches etwas Abstand zu halten. Trotzdem kam ich kaum zum Schlafen, denn ich wollte die Schönheit und Heiligkeit dieser Nacht an diesem besonderen Ort auf mich wirken lassen.

Morgens wies der alte Mann auf eine Höhle hoch oben auf einem der Hügel nahe unseres Lagers. Er erzählte mir von ihrer großen Bedeutung und schlug mir vor, hinaufzuwandern. Ich solle mich nicht wundern, fügte er hinzu, wenn die Anhöhe sich zu verändern scheine und einmal höher, einmal niedriger aussehe. Solche Phänomene sind oft an solch stark schwingenden Orten zu beobachten.

Ich sei ihm eine Schwester, fuhr der alte Mann fort, während Kumbrei übersetzte, und ich könne mich im Land der Pitjantjatjara bewegen, wie es mir beliebe, ohne eine Erlaubnis einzuholen. Wahrscheinlich hatte eine der Weißen in der Verwaltung Kumbrei Vorwürfe gemacht, da sie mich ohne Erlaubnis in Aborigineland gebracht hatte. Grundsätzlich erachtete ich die Ältesten und traditionellen Eigentümer des Landes und nicht die Bürokraten als oberste Instanz, weshalb ich mich nie sonderlich um Bescheinigungen kümmerte.

Während sich die Männer auf die Jagd begaben, brachten meine beiden Begleiterinnen mich zum heiligen Bezirk der Frauen. Das gesamte Gebiet ist mystisch und magisch und wir kamen auf unserem Weg zur Höhle an vielen wichtigen Orten vorbei. Als wir uns von der Piste weg zur Rechten wandten, sah ich auf gerader Linie vor mir schon die Höhle.

„Geh ruhig hinauf", sagte Kumbrei. Die beiden Frauen fuhren derweil davon, um Heilkräuter zu sammeln. Die Tränen rannen mir übers Gesicht, als ich mich über Felsen hinwegkletternd der Höhle näherte. Sie war mir wohlbekannt. Ohne zu zögern legte ich mich auf einen großen Felsblock im Inneren, dessen Form an ein altägyptisches Grab erinnert.

Als ich meinen Kopf auf die Stelle des Steins legte, die einem Kopf ähnelte, erklang ein Ton, der von meinem Körper ausging. Ich hatte noch nie einen solchen gehört und konnte ihn im Alltagsbewusstsein auch nicht wiederholen. Der Klang schallte erst dunkel und stieg dann langsam zu einem sehr hohen, klaren Ton an. Dabei fühlte ich meinen Körper nach und nach verschwinden, bis nur noch ein Klang zurückblieb, der vom Stein unter mir emporstieg.

Ich konnte hinunterblicken und den Fels betrachten. Deutlich erinnerte ich mich daran, wie ich schon einmal hier war, um mit der Frequenz dieser Höhle zu arbeiten. Nun war ich wieder auf Erden, um die nächste Angleichung zu bewirken. In den Jahren, in denen ich mit den Erdenergien arbeitete, stellten sich solche Erfahrungen viele Male ein. Diese aber schien mir die intensivste zu sein, markierte sie doch für mich das Ende einer ebenso langen wie erfüllenden Reise. Nach vielleicht einer Stunde jenseits aller Zeit stieg ich wieder aus der Höhle herab und fühlte mich leicht wie eine Feder.

Der Toyota kam gleichzeitig mit mir am Fuß des Hügels an. Als ich auf dem Beifahrersitz Platz nahm, sagte Kumbrei zu mir: „Schau dir diesen Himmel an!" Zu dieser Zeit waren über der Wüste durch Sonneneruptionen hervorgerufene Lichtphänomene zu beobachten und wir sahen, wie der Himmel sich langsam mit zarten Regenbogenfarben überzog. Dann erschien ganz in unserer Nähe dicht über dem Boden ein leuchtender Regenbogen, einige Regentropfen fielen und ein großer Adler betrachtete von einem nahen Ast aus das Schauspiel.

Wir starteten den Wagen und fuhren mit dem guten Gefühl zurück, etwas Richtiges zu tun. Das Ende des mahi. Zeit, sich zurückzulehnen! Umgehend vernahm ich allerdings die seltsamen und zugleich eindeutigen Worte: „Nun wirst du über Hawaii nach Schottland gehen."

Ich verstand, dass Kumbrei, meine Eindrücke und Erfahrungen nicht notwendigerweise in vollem Umfang nachvollziehen musste. Sie akzeptierte ohne groß zu fragen, was uns aufgetragen wurde. So überdauerte unsere wechselseitige Beziehung, denn wir brachten einander das entscheidende Maß an Respekt entgegen.

32
Hawaii - Die Kragenechse

Kumbreis Gemälde mit der Kragenechse, die zu den Himmeln emporsteigt, hinterließ bei mir einen bleibenden Eindruck. Auf dem Weg nach Jatara hatte ich ein seidenes Kopftuch mit einer ebensolchen als Aufdruck gekauft. Kurz darauf träumte ich von meinem Hund. Er stand in der Tür, kratzte an der Wand und blickte immer wieder nach links. Ich lachte über ihn, stand dann aber auf, um nachzusehen, was los sei. Im Garten stand eine riesige Kragenechse. Ich fragte mich, was sie von mir wollte.

Nach dem Aufenthalt in Jatara reiste Kumbrei zu den olympischen Spielen in Sydney. Sie gehörte zu den Organisatoren der Tanzzeremonie, die von den Wüstenfrauen vorgeführt werden sollte. Ein Freund, der ebenfalls zugegen war, berichtete, eine Gruppe sei in Homebush Bay in eine archetypische Schlangenenergie eingetreten. Deren Botschaft lautete, die Reptilien seien bereit, ihrem überwachenden Aspekt zu entsagen, die Kragenechse jedoch bereite Probleme. Sie sei zornig und nicht gewillt, weiterzugehen.

Das erklärte mir die Verbindung, die ich zu diesem Wesen hatte. Die Echsen wollten ihren überwachenden Wesensteil durch die Lavaschlünde auf Hawaii freisetzen. Zu diesem Zeitpunkt hatte ich bereits mein Flugticket nach London über Honolulu erworben. Dabei war mir ein runder, dunkler Umriss erschienen, den ich für einen Höhleneingang hielt.

Ehe ich meine Reise antrat, zog ich mich an einen ruhigen Ort zurück, wo niemand mich finden würde. Telefon und Strom waren abgeschaltet, ich hatte nur Kerzen und einen Ofen zur Verfügung. Meine Tochter fuhr mich hin, ein Transportmittel für den Rückweg hatte ich nicht. Niemand sonst wusste, wo ich mich aufhielt. Viel zu essen hatte ich nicht bei mir, aber es gab dort frisches Wasser. Das genügte, denn ich wollte fasten und mich an den Geist wenden, um mir über die bevorstehende Reise klar zu werden.

Am dritten Tag, kurz nach Mitternacht, klopfte es an der Tür. Ich öffnete und draußen stand eine Freundin, die ich seit Jahren nicht mehr gesehen hatte. Sie war gerade aus Hawaii zurückgekehrt und hatte gehofft, mich hier zu finden. Wir sprachen eine Weile über unsere Reisen, bis sie mir ein Medaillon in die Hände legte.

Dieses zeigte mir zuerst das Bild einer goldenen Kugel und einer Krone, die in der Art eines tibetischen Kopfschmuckes nach hinten gebogen war. Dann sah ich eine Seemuschel, die mir sagte, die Besitzerin des Medaillons habe eine besondere Art zu heilen ererbt. Die habe mit der Muschel und dem Ozean zu tun, die sie jedoch nicht nutze.

Meine Freundin meinte, das Bild der königlichen Insignien rühre daher, dass sie das Medaillon von einem hawaiianischen Arikinui, einem obersten Häuptling, erhalten habe, der so etwas wie ein König sei.

Bei Zeremonien trug er eine goldene Krone, wie ich sie in meiner Vision gesehen hatte. Das Bild der Seemuschel erhellte sich mir, als ich später eine solche in seinem Haus vorfand. Meine Freundin sagte, sie sei hergekommen, weil sie meinte, ich sollte diesen ihren hawaiianischen Freund kennen lernen.

Mir war klar, dass ich eines hawaiianischen Ureinwohners bedurfte, der mich auch dort wieder an die Orte führte, an die ich zu gehen hatte. Der Grund dafür lag bei den Ahnen, die Tore zu anderen Welten öffnen, und von denen auch sonst das Gelingen dieser Vorhaben abhing. Sie verlaufen nur dann zur Zufriedenheit, wenn ich mich an jene wende, die einen heiligen Ort hüten.

In einem Brief schrieb ich diesem älteren hawaiianischen Paar von unserer gemeinsamen Freundin und meinem Vorhaben, nach Hawaii zu kommen. Sie antworteten, sie erwarteten mich und würden mich bei meiner Ankunft auf der Hauptinsel Hawaiis abholen, wo sie in Kailua Bay lebten. Die beiden netten Leute fuhren mich zu allen heiligen Stätten der Insel. Zusammen sangen, tanz-

ten und trommelten wir am Strand, was mir große Freude bereitete und mich sehr beeindruckte.

Wir verbrachten einige Zeit zwischen den Tarofeldern, wo ich
mit in ihrem kleinen Häuschen in den Bergen wohnte. Draußen
blühten tropische Blumen in den mannigfaltigsten Farben und
Düften. Aus ihnen werden die wunderschönen Lei-Kränze gebun-
den. Im umgebenden Wald wuchsen Myriaden tropischer Früchte:
Bananen, mehrere Arten Guaven, Mangos, Papayas, Avocados,
Ananas und Kaffee. Meine Gastgeber pflegten ihre Gärten und
sammelten Früchte und Taro.

Die Taroknollen wuchsen dort in viereckigen Beeten im Wasser,
das in der Mitte des Landes sanft aus einer Höhle an der Bergkuppe strömte und über Terrassen herabrann. Auch pflückten wir
Kaffeebohnen für den Verkauf. Die beiden nahmen mich überall
mit hin, in der Hoffnung, wir würden so den Ort finden, an den ich
gehen sollte, und den ich meiner Vision nach für eine Höhle hielt.
Ich vertraute darauf, dass wir zum richtigen Punkt geleitet werden
würden. Sicherlich sollte ich zunächst langsam Bekanntschaft mit
dem Land schließen, statt unvorbereitet an den Ort zu gehen, an
dem ich arbeiten sollte.

Schließlich blieben sie mit mir ohne viel Aufhebens an einer
der typischen Lavaröhren stehen und ließen mich allein hineingehen. Unvermittelt durchfuhr mich ein starker Energieschub und
setzte sich ins Höhleninnere fort. Ich entsann mich der Kragenechse und der Lavaröhre. Ich verharrte, bis man besorgt nach mir
rief. Anschließend fuhren wir weiter hinauf in die Berge zu einem
Krater, in dem die feurige, eifersüchtige Göttin Pele in all ihrer
sinnlichen Herrlichkeit wohnen soll. Meine Gastgeber erzählten
von Zeremonien, die sie dort mit ihrem Stamm abhielten, wenn
ihre Kultur von den Festlandbewohnern, also der US-Regierung,
bedroht wurde.

Nach wie vor ist der Krater sehr lebendig und bekundet dies mit
einer steten Rauchfahne. Wieder konnte ich mich der Tränen nicht
erwehren und meine Gastgeber ließen mich für einen Moment

allein. Ich saß beim Krater, bis ich spürte, dass die Kragenechse besänftigt war und ihren überwachenden Aspekt aus dem Krater heraus zurück zu den Sternen entließ. Ein Entweichen von Energien, seien sie „reptilische", archetypische oder solche der Erde, ist der Heilung eines Menschen ähnlich.

Als ich dieses gastfreundliche Haus wieder verließ, entdeckte ich zwischen einigen Büchern eine große Seemuschel. Sie wurde mir als Relikt bei Heilriten in alter Zeit erklärt.

Hawaii fügte sich über die Kelten und Schottland in meine Reise ein, denn beide waren in der Höhle am Uluru als Teile einer Zeitlinie genannt worden. Der einzige Hinweis, den ich für meine Reise nach Schottland erhalten hatte, war, abgesehen davon, dass ich Verwandte und Freunde besuchen würde, das Finden und Aktivieren des Schicksalssteins.

33
Schottland und die Tempelritter

Nach einem zweieinhalbstündigen, nächtlichen Aufenthalt in Los Angeles bestiegen wir die Maschine über Frankfurt nach London. Dank Verständigungsschwierigkeiten in Frankfurt zwischen mir und dem Flughafenpersonal landete ich gegen 21 Uhr in London Heathrow ohne mein Gepäck. Ein Londoner Freund war verhindert und konnte mich nicht vom Flughafen abholen. Deshalb musste ich komfortabel und teuer in Flughafennähe übernachten, während ich mein Gepäck an einen Freund in Wiltshire nachschicken ließ, bei dem ich die folgende Nacht verbringen konnte. Anstatt uns die Nacht um die Ohren zu schlagen, gönnte er mir fünfzehn Stunden Schlaf.

Tags darauf hatte sich England in eine Vielzahl von Inseln verwandelt. Das Hochwasser war so massiv, dass niemand mir ein Auto leihen wollte, der Zugverkehr war weitgehend eingestellt und Busse konnten nur bestimmte Orte anfahren. Die meisten meiner Freunde waren somit nicht erreichbar. Immerhin konnte mich mein Freund drei oder vier Tage später nach Silbury Hill, Avebury bringen.

In Gummistiefeln liefen wir über die Felder zu seinem Haus, wo alljährlich Kornkreise zu sehen waren. Wir besuchten uralte heilige Stätten der Druiden sowie Grabhügel. Da meine Reisestationen in Cheshire unerreichbar waren, rief ich meine Schwester in Yorkshire an. Deren Tochter wohnte inzwischen mit ihrer Familie in Wales an der Grenze zu Cheshire und die Straße dorthin war befahrbar. So landete ich per Bahn bei ihr. Wir breiteten eine Landkarte aus und meine Nichte wies mich auf alte Kraftorte hin, die wir besuchen konnten. Sie hatte eine walisische Universität mit walisischsprechenden Studenten besucht, die sich leidenschaftlich für ihre Geschichte interessierten. Zwei Tage später tauchte meine Schwester samt Pferd und Einspänner auf und entführte mich zu sich nach Yorkshire.

Wir hatten uns seit vierzehn Jahren nicht mehr gesehen. Als ich aber nach zwei Tagen begonnen hatte, mich einzuleben, rief mein schottischer Cousin an und erzählte mir, er arbeite nur ein kleines Stück südlich von uns und könne mich abholen und dann in seine Heimatstadt St. Andrews mitnehmen. So befand ich mich eher als vermutet nördlich der Grenze.

Am nächsten Tag nahm mich mein Cousin auf dem Weg zur Arbeit in Edinburgh bis Roslyn Chapel, dem alten Hauptsitz der Tempelritter in Schottland, mit.

Heute ist das eine berühmte anglikanische Kirche, die leider von zahllosen Touristen belagert wird. Ich wusste nicht so recht, was von diesem Ort zu erwarten war. Mein Freund in Wiltshire hatte mir jedoch die Autobiographie von Prinz Michael von Albany zu lesen gegeben, welcher vom Königshaus der Stuarts abstammt und selbst Anspruch auf den schottischen Thron erheben kann.

In seinem Buch erwähnt er neben dem Stein des Schicksals und dessen historischer Bedeutung auch Roslyn Chapel. Mein Cousin sputete sich und ich stand am Eingang der Kapelle, die an diesem Morgen wegen einer Hochzeit für die Öffentlichkeit geschlossen war.

Nach einer Tasse Tee spazierte ich um die Gebäude und Friedhöfe herum und stieß dabei auf ein Schild mit der Aufschrift „Freimaurer", das zu einer Treppe hinauf wies. Zwischen Insignien, Fotos und allerlei Informationen über die Freimaurerei setzte ich mich und schloss die Augen.

In alter Zeit waren die Oberhäupter der Tempelritter und Freimaurerlogen umfangreichen Wissens teilhaftig, das anfangs zum Guten der Menschheit angewandt wurde. Unausweichlich jedoch degenerierten ihre Systeme; es gab die Inquisition und viele religiöse und politische Schlachten wurden geschlagen.

Am Ende war vieles aus dem Gleichgewicht geraten. Unmengen reinigender Energie durchströmten mich, während ich dort saß, und als ich den Raum wieder verließ, war mir viel leichter zumute. Derweil die Gesellschaft nun die Kirche verließ, betrachtete ich einige Grabsteine von Templern.

Als der letzte Gast gegangen war, hatte ich die Kapelle für mich allein. Abermals spürte ich starke uralte Energien durch mich hindurchfließen, während ich ein reinigendes Lied sang, das mir vom Geist für diese Gelegenheit eingegeben wurde. An all dem war nichts Außergewöhnliches, aber es fügte sich in den keltischen Teil meiner Geschichte.

Ein andermal nahm mich mein Cousin nach Edinburgh Castle mit, sodass ich mir den sogenannten Stein des Schicksals oder auch „Stone of Scone" ansehen konnte, der dort hinter Glas verwahrt wird.

Dieser Stein wurde seit dem 13. Jahrhundert in Westminster Abbey aufbewahrt. Damals unterwarf Henry IV., der Plantagenet, die Schotten und brachte ihre königlichen Insignien nach Südengland. Der Stein wurde unter dem Thron platziert, auf dem die Monarchen Großbritanniens gekrönt wurden. Viele, vor allem die Schotten, glauben, dass der Priester den wahren Stein während der Invasion und der schottischen Niederlage ausgetauscht und versteckt hat.

Man sagt, der wahre Lia-fail, der Schicksalsstein, sei noch immer irgendwo in Schottland verborgen und käme eines Tages wieder zum Vorschein, wenn die Schotten ihre Unabhängigkeit zurückgewinnen würden. Viele Sagen und Legenden ranken sich um den Verbleib des Steins. Der Sandsteinblock im Glaskasten in Edinburgh Castle ähnelte so gar nicht jenem, den ich mit meinem inneren Auge gesehen hatte. Von ihm ging keine Energie aus, auch trug er nicht die Symbole und Bezeichnungen, die ich gesehen hatte. Noch dazu hatte er die falsche Farbe. Dies war also nicht der echte Stein und nicht jener, den ich finden sollte. Dieser hier hätte sich durch nichts aktivieren lassen.

Unter den Mythen, in denen Legende und Wahrheit verschmelzen, bestätigt eine die Botschaften, die ich vom Geist empfing. Der Stein, den ich in der Vision gesehen hatte, ist danach derselbe, von dem es in der Bibel heißt, Jakob habe seinen Kopf draufgelegt und Gott zu sich sprechen hören. Das ergibt für mich einen Sinn, weil meine Reise mich an Orte oder zu bestimmten Objekten führt, die aktiviert werden sollen, um sie wieder der reinen Energie anzugleichen, die aus dem universellen Geist Gottes fließt.

Es heißt, der Prophet Jeremia brachte den Stein, das Jakobskissen, nach Irland, als er mit Tara, der ersten Königin Irlands, der späteren Dalriada, von Ägypten her kam. Diese vereinte Schottland und Irland. So gelangte der Stein ins heutige Schottland. Scota, der erste König Schottlands, der auch aus Ägypten stammte, wurde auf dem Stein stehend gekrönt.

Viele Herrscher, einschließlich der Stuarts, folgten ihm, und alle mussten sich auf den Stein stellen, ihre Abstammung bis aufs Haus Davids kundtun und dem Volk des Landes Treue schwören. Der Stein soll den messianischen Code tragen, weshalb er von so enormer Bedeutung für Schottland wie auch für England ist.

Die Zeit ist für mich noch nicht gekommen, zu diesem Stein geführt zu werden, jedoch beabsichtige ich, nach Schottland zurückzukehren. Ich bekomme E-Mails aus Schottland, in denen ich über neue Veröffentlichungen zu diesem Thema in Zeitschriften und Magazinen wie dem „Scottish Banner" auf dem Laufenden gehalten werde. Demnach soll sich der Stein zuletzt im Besitz eines Angus McGoig Hamilton befunden haben und könnte in den Gewölben eines Schlosses auf dem Land der Hamiltons versteckt liegen.

Wie dem auch sei, ich werde ihn nur finden, wenn ich dem intuitiven Drang folge und die Zeit dazu gekommen ist. Zweifellos wird mir dann ein echter Schotte diese Tür öffnen.

Es überraschte mich sehr, bei meiner Rückkehr nach Australien zu hören, ich würde Ende des Jahres nach Israel gehen und meinem Freund aus Wiltshire wiederbegegnen, welcher sich im November mit weiteren Leuten dort aufhalte.

34
Jerusalem in Israel

In einer E-Mail teilte mir die WWV (Wholistic World Vision) mit, mein Freund aus Wiltshire sei mit einer Gruppe im November in Israel. Mein Kontostand war noch immer durch die Schottlandreise im Vorjahr im Minus, was mich veranlasste, das Projekt Jerusalem fürs Erste zurückzustellen.

In Sydney besuchte ich einen Freund, der krank war und seit einer Weile das Haus nicht verlassen hatte. Ich schlug also vor, mit der Fähre den Hafen von Sydney in Richtung The Rocks zu durchqueren, die sich nahe dem Anlegeplatz der Fähre befinden. Vorher rief ich Ulli an, eine Heilerin, die mit Klängen arbeitet und einen Laden in diesem Viertel führt.

Sie nahm mich am folgenden Tag in einen Park mit, der sich nahe ihrer Wohnung befindet, denn sie war neugierig, was ich wohl zu den dortigen Energien sagen würde. Wie üblich, wenn ich jemanden treffe, der sich für das Arbeiten mit Erdenergien interessiert, erzählte ich einige Anekdoten. Dabei fragte sie mich, ob ich das Light Summit in Jerusalem besuchen würde, welches Michael Lightweaver, der Gründer des Planetary Awakening Network (PAN) einberufen hatte. Beteiligt war auch eine Gruppe, die Peter Fuller aus Großbritannien mitbrachte.

Sie bot mir an, mein Flugticket und die restlichen Ausgaben zu bezahlen, da sie meine Gesellschaft erfreuen würde und sie es sich leicht leisten könne. Die Erfahrung hatte mich gelehrt, Vorsicht walten zu lassen, wenn mir jemand Geld anbietet, denn dahinter musste nicht immer uneingeschränkte Selbstlosigkeit stehen. Ich entgegnete deshalb, ich würde darüber nachdenken.

Einige Wochen später fiel mir ein, dass ich sie im Gegenzug nach Jatara mitnehmen könnte. Ich schrieb meiner Freundin, ich nähme ihr Angebot gerne an, sähe aber kaum eine Möglichkeit, den Betrag zurückzuzahlen. Zu diesem Zeitpunkt hatte sie jedoch das Vorhaben, nach Jerusalem zu fliegen, bereits verworfen, da sie nicht alleine gehen wollte und von mir nichts mehr gehört hatte.

Wir buchten kurzfristig, doch dann ereigneten sich die Anschläge des 11. September. Meine Freundin rief mich an, um mir zu sagen, sie traue sich unter diesen Umständen nicht, zu fliegen. Wie viele andere stornierte sie ihren Flug, meinte jedoch, sie würde mein Ticket bezahlen, wenn ich mich nicht abschrecken ließe.

Letztlich kamen wir jedoch beide in Jerusalem an und packten unsere Taschen im in der Altstadt gelegenen Knights Palace Hotel aus, wo die Versammlung stattfinden sollte.

Wir trafen dort auch Peter und dessen Reisegruppe. Inzwischen war mir der Zweck meines Aufenthalts mitgeteilt worden. Ich sollte mit einem Wasserreservoir unter einer Kirche arbeiten, von der ein Freund meinte, es könnte sich um die koptische handeln. Ferner sollte ich die St. Annen-Kirche aufsuchen und den Teich Bethesda wieder aktivieren. Ich wusste nicht genau, ob es sich um zwei verschiedene Dinge handelte, denn ich verfügte über keine näheren Kenntnisse über Jerusalem.

Am ersten Tag sprang ich früh aus dem Bett und lief durch die alten, engen Gassen, wobei ich darauf vertraute, dass es mich schon zu den richtigen Plätzen ziehen würde, denn es blieb nicht viel Zeit, bis unsere Gruppe sich für drei Tage nach Qumran aufmachen würde.

Victor, unser israelischer Führer, arbeitete mit den dortigen Erdenergien. Ich lief geradewegs zur St. Annen-Kirche, sah mich kurz um und grüßte die Geistwächter, ging aber wieder, ohne irgendwelches Wasser gesehen zu haben, und dachte, es sei vielleicht über die Jahre ausgetrocknet.

Als ich durch die engen Gassen zurückeilte, stieß ich mit einem Jungen zusammen, der einen Korb voller Rollen auf dem Kopf trug. Gemeinsam sammelten wir die Rollen wieder auf und ich fragte ihn, ob er wisse, wo sich die koptische Kirche befinde. Wir stünden genau davor, sagte er, und als ich aufsah, erblickte ich in der Pforte einen Priester in einem langen schwarzen Talar und mit einer ebensolchen Kopfbedeckung.

Er bejahte meine Frage, ob das die koptische Kirche sei, und fragte, als hätte er mich erwartet, ob ich in die Wassergrotte gehen wolle. Ich kann mir nicht vorstellen, dass sich viele Leute mehr für das Wasserbecken interessieren als für die Kirche.

Wir durchschritten die kleine Kirche, über einen Hof, eine steinerne Treppe hinunter und an einem kleinen Altar vorbei, an dem ein Priester las. Schließlich wies er auf einen dunklen, schmalen Durchgang mit schlammigen, glitschigen Stufen, wo ich zu dem großen Wasserbecken in der dämmrigen Kaverne hinabstieg. Ich erfuhr, dass ich mit der Krokodilenergie dort unten arbeiten sollte.

Einige Minuten lang verweilte ich und tat meine Absicht kund. Dann lief ich zum Hotel zurück, um noch schnell ein Frühstück einzunehmen und mich danach den anderen anzuschließen. In zwei Autos fuhren wir zum Toten Meer und nach Qumran, wo wir in komfortablen kleinen Bauten eines Kibbuz untergebracht waren.

Morgens begaben wir uns zu den Ruinen der alten Essenersiedlung und begrüßten den Sonnenaufgang über den Hügeln des Jordan. Tagsüber badeten wir im Wasser und im wohltuenden Schlamm des Toten Meeres und heißer Heilquellen. Abends meditierten wir in den Höhlen von Qumran, in denen die Schriftrollen vom Toten Meer entdeckt worden waren.

Der Weg zu den Höhlen war eine kleine Kletterpartie. Die erste Höhle war klein und kreisförmig, weshalb ich mich noch heute frage, wie wir alle elf dort hineinpassten. In der ersten Nacht in der Höhle meinte ich zunächst, ich würde mir die Erscheinungen nur einbilden. Dann hörte ich jedoch eine Stimme rufen: „Ismael! Ismael!" Nachdem ich diesen Ruf noch mehrere Male vernommen hatte, begriff ich, dass eine nichtkörperliche Energie Kontakt mit uns aufnehmen wollte. Ich vernahm die Worte: „Ein alter Fluch lastet auf diesem Land. Es ist an der Zeit, ihn hinwegzunehmen."

Energetisch wurde mir gezeigt, wie der Fluch aufzulösen sei. Eine Flamme trat aus der Erde hervor, glitt durch meinen Körper und vereinigte sich mit den sieben Flammen der jüdischen Menora, „dem siebten Himmel entgegen." Diese vereinigten sich zu einer Flamme, die sich durch den arabischen Halbmond „zum dreizehnten Himmel" erhob.

Als ich diese Botschaft erhielt, hatte ich keine Ahnung, wer Ismael war, und verfügte über so gut wie keine Kenntnisse über Menoras, Halbmonde oder siebte und dreizehnte Himmel. Ich erkundigte mich daher bei den anderen aus der Gruppe, was genau da eigentlich von mir gefordert wurde.

Als wir am nächsten Morgen den Sonnenaufgang über dem Jordan beobachteten, erwartete ich, dass die Flamme sich wieder bei mir zeige und die Energie des Fluchs reinigen würde. Das tat sie auch, während Michael das „Kodoish, Kodoish, Kodoish, Adonai 'Tsebayoth" sang und damit Gott pries und die Erzengel anrief, allerdings nur bis zu den sieben Flammen der Menora.

An diesen hielt sie inne und ging auch im Folgenden nicht über sie hinaus. In der Annahme, mehr Informationen zu benötigen, rief ich die Ahnen an. Sie erschienen vor mir als drei Wesen, die Thoth ähnelten, mit dem ich bereits in Neuseeland viele Male Kontakt hatte. Sie erklärten, alles sei in Ordnung, der Fluch würde jedoch erst nach dem Ende unserer Tagung vollständig gelöst werden.

Zurück in Jerusalem beim Light Summit stand uns nicht viel Zeit zur freien Verfügung, denn unsere gemeinsamen Tagespläne waren randvoll verplant.

Vor Beginn der Tagung lief ich früh morgens noch einmal zur St. Annen-Kirche. Ich vernahm deutlich die Aufforderung, das Wasser im Teich Bethesda hinter der St. Annen-Kirche zu reaktivieren. Die Kirche war noch nicht geöffnet, als ich ankam. Ich schlüpfte am Einlass vorbei und hatte reichlich Zeit, mich umzusehen.

Einige Stufen führten zu einer mit einem Geländer versehenen Plattform hinab, von der aus man auf eine Wasserfläche blicken konnte, an die man jedoch nicht näher herankam. Auch spürte ich dort keine Energie, die es zu reaktivieren gegolten hätte.

Normal hätte man zumindest die Hände ins Wasser getaucht, wenn man schon nicht hineingehen konnte. Ich wandte mich um und wollte wieder gehen, als ein Priester auf mich zukam und fragte, ob ich ins Wasser steigen wolle. Ich bejahte und sagte, der Zugang sei aber verschlossen.

Daraufhin zeigte mir der Priester, wie man über das Geländer kletterte und wo man auf der anderen Seite am besten seinen Fuß hinsetzt. Ich tat das Gebotene, sang ein Lied, ließ mir dann vom Priester wieder hinaufhelfen und verließ die Kirche. Wieder war ich allein an einem Ort, der sonst vor Touristen überströmt wird. Ich setzte mich still hin und verband mich mit dem Geist der heiligen Anna, Jesu Großmutter, und wurde mit einigen Regentropfen bedacht, die mir bestätigten, dass das Werk vollbracht war.

Später kam ich mit einer kleinen Gruppe zurück, und jeder segnete das Wasser auf seine Weise und mit persönlichen Gaben.

Auf der Tagung begrüßten wir gut sechzig engagierte Menschen unterschiedlichster Herkunft, die zu einer kraftvollen Versammlung beitrugen. Wir saßen in einem großen Kreis unter der Glaspyramide des Daches der Konferenzhalle im Knights Palace Hotel. Viele Individuen und Gruppen aus aller Welt unterstützten unsere morgendlichen und abendlichen Meditationen geistig, wenn es ihnen nicht möglich war, persönlich teilzunehmen, etwa weil die Geschehnisse des 11. September sie verschreckt hatten.

Nach einer Eingewöhnungsphase reinigten wir die Energie unserer Umgebung, wobei wir die höheren Sphären zu uns riefen. Die Energie der allmorgendlichen Meditationen wuchs sehr stark und zog eine große Lichtsäule durch die Glaspyramide bis in den Erdkern hinab. Die Gruppe fuhr fort, über den in der Halle geschaffenen Wirbel Licht in die Erde zu senden, und am letzten Tag unserer Versammlung war die Frequenz hoch genug, um wie verheißen den Fluch zu lösen.

Abermals intonierte Michael das „Kodoish, Kodoish" und, indem ich in dessen Klang aufging, schwamm ich neben dem riesigen Krokodil in der ungeheuren Zisterne unter der koptischen Kirche.

Tranceartig tanzend, bewegten wir uns im Kreis umeinander. Wieder fühlte ich die sieben Flammen der Menora sich entzünden und zum siebenten Himmel aufsteigen. Währenddessen hatte sich Zahara, die ägyptisch-irakischer Abstammung war, auf der Matte unter der Pyramide und im Inneren des Wirbels niedergelassen.

Ihr Körper wiegte sich und aus der Seelentiefe formte ihre Stimme den arabischen Gesang mit solcher Kraft, dass er zunächst Michaels anmutiges „Kodoish" zu überstrahlen schien.

Dieser Wettstreit war notwendig, um die Kraft des Lichtes bis auf ihren höchsten Punkt zu steigern. In dem Moment, als die beiden Gesänge verschmolzen, sah ich das Krokodil sein Blut verströmen. Ich schwamm mit ihm darin und um mich herum pulsierte die Musik, welche die Flamme durch den Halbmond zum dreizehnten Himmel emporhob. Die Energie im Raum hatte eine ungemein hohe Frequenz erreichen müssen, um dies zu ermöglichen.

Nach dem Anschwellen der Kraft des Lichtes verspürte ich das Bedürfnis, zum Krokodil im Wasser unter der Kirche zurückzukehren, für dessen mächtiges Wesen ich große Liebe und Dankbarkeit empfand.

Neun Gefährten begleiteten mich, von denen einige beschlossen, mit mir hinunter zum Wasserbecken zu kommen. Im dunklen, schlammigen Wasser stehend rief ich das Krokodil zu mir. Ich fühlte, wie ich mich in einem sanften „Krokodiltanz" wiegte. Gleichzeitig und begleitet vom aramäischen Gebet des Herrn, das von Peter gesprochen und vom Echo der Kaverne vervielfacht wurde, verließen mehrere negative Wesen die irdische Ebene.

Renia stimmte ein bezauberndes heiliges Lied aus Bulgarien an. Schließlich blickte mir die Echse geradewegs in die Augen, verzog ihr Maul zu einem Grinsen und schwamm davon.

Man hatte mir geraten, nach dem Freisetzen so vieler Negativität mit einem Gegenstoß zu rechnen, weshalb Zahara mit anderen außerhalb der Kirche geblieben war. Dort fassten sie sich bei den Händen und bildeten so einen Kreis des Lichtes um die goldene Kuppel herum, um beim Lösen dieser Energien mitzuhelfen.

Das Hotelfernsehen übertrug in den frühen Morgenstunden arabische Begräbnisse. Von diesen Berichten konnte ich mich kaum losreißen. Der Ruf zur Moschee war so mächtig und glich dem Gesang Zaharas, wenn es sich nicht sogar um den gleichen handelte, welcher die Energie so stark hatte anwachsen lassen.

Am letzten Tag des Summit in Jerusalem, dem 11. November, berichtete mir Isaac Holly, ein querschnittsgelähmter und sehr belesener israelischer Teilnehmer, dass einst wirklich Krokodile unter dem heutigen Jerusalem lebten und man sie als heilig verehrte, weil sie all die negativen Energien absorbierten, die ins Land hinein-getragen wurden. Ich spürte, dass das Krokodil in seinem nassen Verließ ein hochheiliges Wesen war, und die äthiopischen Priester, die bei seinem Tod zugegen waren, darum wussten.

Der Hintergrund dieses uralten Fluches entzieht sich meiner Kenntnis, was ich jedoch von Ortsansässigen in Erfahrung bringen konnte, weist auf die Söhne Abrahams und seine beiden Frauen hin. Hagar, die Mutter Ismaels, war einigen Auslegungen zufolge die spirituelle Partnerin Abrahams. Abraham jedoch ehelichte Sarah und Israel wurde geboren.

Israel wurde das männliche Prinzip, das jüdische Jehova, das Licht. Ismael wurde zum weiblichen Prinzip, dem arabischen Bileil, dem Verborgenen, Dunklen. Das Lösen dieses Fluches vereinigte die beiden Brüder und die beiden Bewusstseinsströme und lässt uns hoffen, dass diese Vereinigung eines Tages in die physische Welt durchdringt.

35
Der heilige Teich von Jatara

Jatara ist die entlegene Heimat der Pitjantjatjaras des Northern Territory, das rote Zentrum und Herz Australiens. Weil es zweihundert-fünfzig Kilometer von der nächsten Siedlung entfernt liegt, ist seine Wiederbesiedlung kaum vorangeschritten. Das Gebiet ist nur über eine Piste durch den roten Sand zu erreichen, die bei starken Regenfällen stellenweise weggewaschen wird. Für die alten Leute, welche all die Geschichten, Lieder und Tänze für die Zeremonien hüten, ist es zu weit entfernt, um dort ohne verlässliche Transportmittel zu leben.

Letzteres ist zumeist ein Geländewagen mit dem die entlegenen Wasserstellen und andere nicht mit sichtbaren Pfaden verbundene heilige Plätze, am besten zu erreichen sind. Vor einigen Jahren ließ die australische Regierung drei gute Häuser mit WCs, Wäscherei, Duschen und reichlich klarem Brunnenwasser in Jatara für seine traditionellen Hüter errichten, damit sie sich um ihr Land kümmern konnten.

Man findet dort eine Vielzahl von Buscharzneien und -nahrungsmitteln, wie etwa wilde Feigen oder Tomaten. Auch steht Fleisch von Kängurus, Emus oder Goannas zur Verfügung. Die Versuche Kumbreis und Daisys, dort zu leben, blieben letztlich wegen des Mangels angemessener Transportmittel und der damit einhergehenden Unerfüllbarkeit alltäglicher und kultureller Bedürfnisse nicht von Erfolg gekrönt. Die Herausforderung, der sich die Alten und Medizinleute gegenübersehen, wenn sie sich in dieser Gegend niederlassen wollen, ist die Isolation. Gerade heute aber verspüren sie das Bedürfnis nach Rückkehr in dieses besondere Land.

Wie Daisy mir erzählte, liegen in diesem Gebiet etwa fünfzig heilige Stätten, welche Geschichten bergen, die von großer Bedeutung für die Erhaltung ihrer Kultur und der Erde selbst sind. Den Kraftorten bei Jatara wohnen all die Mächte und Geschichten der Gesetze der Traumzeit inne, die das Leben der Frauen von der Empfängnis bis in alle Phasen ihres Lebens und ihrer Entwicklung hinein bestimmen.

Können die Frauen zu den richtigen Zeiten Zeremonien abhalten, verleiht ihnen der Geist des Landes Stärke und Gesundheit. Die Verdrängung dieses Teils ihrer Kultur schwächt und verwirrt sie. Nachdem man diese Orte bei Jatara besucht hat, fühlt man sich wie neu geboren. Dort warten Geistkinder, die von jedem gesehen oder gespürt werden können. In alter Zeit, nach Möglichkeit auch noch heute, suchen Frauen solche Orte auf, wenn es an der Zeit ist, ein Kind zu empfangen, und verbinden sich mit dem Geist, der darauf wartet, in ihren Schoß eingehen zu können.

Ich begann, ein sehr ungewöhnliches Wasserbecken in einem großen Felsen bei Jatara zu sehen, und da ich beabsichtigte, an der Küste von Queensland mit Wasser zu arbeiten, beschloss ich, Nordaustralien zu durchqueren und nach Süden zum Uluru zu reisen, um dann vielleicht nach Jatara zu gehen.

Das Wasser dieses Beckens war sehr heilkräftig und würde nach der Aktivierung und Angleichung an die neuen Energien eine direkte Verbindung zum universellen Bewusstsein ergeben. Ich telefonierte mit Kumbrei, die mich jedoch abermals fragte, ob ich auch Daisy als Begleitung akzeptiere.

Wieder war ich überrascht, nahm jedoch an, ihre von den Großmüttern ererbten Zuständigkeiten erstreckten sich nicht auf dieses Gebiet. Am Uluru traf ich mich mit einer Freundin und gemeinsam vereinbarten wir mit Daisy, uns wie zuvor in Mutitjulu zu treffen. Wir verbrachten einige Tage dort und an jenem Felsen, aber es war nicht die richtige Zeit, nach Jatara zu gehen. Ich fuhr an die Ostküste zurück und wartete. Bevor ich jenes Wasserbecken aktivieren konnte, erfuhr ich, sollten erst noch einige Ereignisse eintreten.

Nach einiger Zeit an der Küste kehrte ich nach Alice Springs zurück. Das Wasser rief deutlich nach mir und so verabredete ich mit Daisy, gemeinsam nach Jatara zu gehen. Daisys Wagen blieb jedoch auf der Fahrt zu mir im Morast stecken, denn die Pisten waren durch Überschwemmungen streckenweise unpassierbar. Da begriff ich, welch große Rolle das Element Wasser in meinem Werk zu spielen begonnen hatte. Die Überflutungen in England, die Wasserbecken in Jerusalem und jetzt die Überschwemmungen im Herzen Australiens. Wasser birgt ein sehr starkes Bewusstsein und ist von immenser Weisheit durchdrungen.

Einige Monate später bat man mich um Hilfe bei der Aktivierung des goldenen Gitters. Viele Menschen nahmen an den verschiedenen Phasen dieses Werks teil. Nun sollte ich mich wieder beteiligen. Ich kehrte zu einer Höhle zurück, die ich einmal mit einer Freundin aufgesucht hatte.

Sie nannte sie die „Höhle der weißen Schlange", denn eine solche war mit weißem Ocker an die schwarzen Wände gezeichnet. Mir wurde mitgeteilt, dieser Teil der Aktivierung solle der des Wassers von Jatara vorausgehen. Bei meinem ersten Besuch dieser Region hatte ich auf Anraten meiner Freundin eine winzige weibliche Höhle aufgesucht, die mit Zeichnungen in rotem Ocker verziert war. Als ich in ihr lag, drang eine überaus kraftvolle Frauenstimme zu mir, die sagte, es sei an der Zeit, mich dem goldenen weiblichen Ausdruck zuzuwenden, dessen Glanz über der schwarzen Madonna, über Kuan Yin, der Muttergottes und den vielen weiteren Ausformungen der Göttin liegt, mit denen Menschen sich verbanden und mit denen sie arbeiteten.

Bislang hatte ich keine Erfahrungen in der Arbeit mit diesen Formen gesammelt, doch ich fühlte die große Bedeutung des goldenen Aspekts. Vielleicht war diese Botschaft für meine Freundin, die mit diesen Erscheinungsweisen sehr vertraut war, von größerem Gewicht.

Bei meinem zweiten Besuch machte ich mich auf den Weg durch den Busch zur Höhle der weißen Schlange. Eine kurze Meditation bescherte mir eine Vielzahl von Eindrücken, denn solche uralten Höhlen haben stets viel gesehen.

Während ich mich daraufhin unwillkürlich in eine königliche Haltung aufrecht setzte, verwandelte ich mich in einen riesigen goldenen Adler. Als ich die vor mir liegende Landschaft überblickte, tauchte eine große weiße Schlange auf. Indem sie ihren Kopf dem meinen entgegenstreckte, erschien über ihr eine noch größere goldene Schlange und verschmolz mit dem Adler.

So begegnete der Adler abermals der Schlange. Diesmal war die Schlange aus der weißen Schwingung heraus in die goldene hineingetreten. Bei einem Blick auf die weiße Schlange an der Höhlenwand hinter mir, fiel mir erstmals etwa ein Dutzend Adlerkrallen auf, die in goldgelbem Ocker um sie herum gezeichnet waren.

Ehe ich den Ort verließ, ging ich noch kurz zur kleinen Frauenhöhle, wo ich die Worte „Es ist vollbracht!" hörte. Wer geomantisch oder allgemein mit dem Geist arbeitet, ist immer froh, diese schönen Worte zu vernehmen.

Die Zeit war reif, nach Jatara zu gehen, also rief ich Daisy an, die in einer der Wüstensiedlungen lebte. Bei dem Besuch einer solchen grenzte es an ein Wunder, die gewünschte Person zu erreichen. Gelingt es einem wider Erwarten doch, weiß man, dass es einen guten Grund dafür gibt. Auch kontaktierte ich meine Freundin in Sydney, die mir den Flug nach Jerusalem ermöglicht hatte, denn ich spürte deutlich, dass sie diesmal mitkommen sollte. Daisy wollte, dass wir in ihre Siedlung kamen, was für uns eine Fahrt von zweihundert Kilometern über eine Wüstenpiste bedeutete.

Für diese Fahrt, die uns mehr als einmal einen Schauer über den Rücken jagte, hatten wir uns einen tadellosen neuen Geländewagen besorgt. Auf halbem Wege widerfuhr uns der obligatorische Reifenschaden. Zum Glück kamen etliche Männer aus Daisys Gemeinschaft daher und halfen uns schnell und mit Humor, das Gefährt wieder flott zu bekommen.

Daisy erwartete uns und sofort sprangen sie und die Medizinfrau Ninia, ins mit Grabestöcken, Spaten, Swags und einer Schachtel mit geschnitzten Tieren beladene Auto. Nur das Gewehr hatte Daisy vergessen. So fuhren wir Richtung Mutitjulu, unserem ersten Zwischenstopp.

Die erste Nacht verbrachten wir in unseren Swags auf dem Zeltplatz von Yulara, denn die Wüstenfrauen liebten Kentucky Fried Chicken, und hier bot sich die vorerst letzte Möglichkeit, solche Delikatessen zu erwerben.

Nach der Abwicklung geschäftlicher Angelegenheiten mit den Frauen des Handwerkzentrums von Mutitjulu fuhren wir weiter und genossen bis Kata Tjuta die Vorzüge einer Asphaltstraße. Dort angekommen, bogen wir links in Richtung der Piste nach Jatara ab.

Daisy war, wie es allgemein bei den dortigen Frauen der Fall ist, eine hervorragende Fahrerin. Jahrelange Erfahrung mit den Sandpisten trägt dazu ebenso bei wie die Tatsache, dass sie mit dem Land eng vertraut sind.

Unsere Reise führte uns durch eine ungemein schöne Landschaft, über der eine friedvolle Stille jenseits der Geräusche und der Atmosphäre der Zivilisation lag. Wir fuhren an Gruppen wilder Kamele und an Kängurus vorbei, die Daisy liebend gerne im Kochtopf über dem Lagerfeuer gesehen hätte. Sie ärgerte sich, ihr Gewehr vergessen zu haben. Ich als Vegetarierin war darüber natürlich froh.

Im Jatara-Gebiet verließ Daisy die Piste und fuhr uns zu heiligen Wasserlöchern und Felsformationen, wobei sie uns uralte Geschichten erzählte, die ihre Vorfahrinnen von Generation zu Generation weitergegeben hatten. Nun war dieser besondere Schatz auf sie übertragen worden und sie hegte ihn gewissenhaft.

Unter anderem zeigte Daisy uns einen felsigen Hügel, den sie „den Arzt" nannte, denn er war von großer heilender Wirkung auf den Geist. Als ich meine Augen schloss und den dortigen Wesen ein sanftes Lied sang, wurde ich gewahr, dass ich geistig von Frauen und Kindern umringt war. Dem folgte die Vision großer männlicher Wesen, die mit weißem Ocker bemalt waren.

Diese trugen einen riesigen runden, weißen Kopfschmuck und schienen einen zeremoniellen Tanz zu vollführen. Ich fragte mich, ob sie es waren, die Daisys Großmüttern den inma, den Tanz dieses Ortes und die Erzählungen über ihn, gegeben hatten. Daisy und Ninia saßen derweil ruhig unter einem Baum und warteten, bis wir unsere Verbindung mit diesem Ort beendet hatten.

Wir fuhren weiter bis wir mit der Wagenfront über dem einzigen größeren Stein, der weit und breit auf der unsichtbaren Piste vor uns lag, hängenblieben. Es war praktisch ausgeschlossen, dass dort jemand binnen eines Monats vorbeikam, ganz zu schweigen von einem Mechaniker oder einem Abschleppwagen, den wir gebraucht hätten.

Jetzt galt es, nicht zu verzweifeln. Ich meinte zu Ulli, meiner Freundin aus Sydney, wenn wir nur zu zweit hier steckengeblieben wären, würde ich mir Sorgen machen. Ich war mir allerdings sicher, die Aboriginefrauen würden uns schon aus dieser Situation befreien. Diese Menschen sind sehr tapfer und zäh, denn nur so überlebt man im Outback.

Während sie die Front des Wagens hochkurbelten, sammelten wir Gras und flache Steine, um sie unter die Räder zu legen. Sie gruben zwei Stunden lang mit ihren Stöcken, bis es bei meinem dritten Versuch, im Rückwärtsgang loszukommen, endlich klappte. Die anderen schoben, bis die Unterseite des Gefährts ein metallisches „Pling" von sich gab und wir waren wieder frei. Außer einigen Kratzern auf der Unterseite war der Landcruiser unversehrt. Bei der Rückkehr behoben wir diesen kleinen Schaden mehr oder minder mit Schuhcreme und Holzkohle.

In dieser Nacht wollten wir mit unseren Swags in Daisys Haus schlafen. Wie sich herausstellte, war das Haus abgeschlossen, und sie hatte den Schlüssel vergessen. So verbrachten wir auf der Veranda eine wundervolle Nacht mit Musik und Tanz.

Ulli, die mit der Technik des Heilens durch Klang arbeitete, hatte einige Instrumente mitgebracht, auf denen die Frauen mit Freude spielten. Bei der inma, dem Frauentanz, hielt Ulli den

Gesang Daisys und Ninias in der Sprache der Pitjantjatjaras auf Band fest.

Daisy fiel das Singen schwer, denn während der Fahrt hatte sie sich einen schlimmen Husten zugezogen und fast die Stimme verloren. Doch auch die notgedrungenen Unterbrechungen störten ihren Eifer nicht, das Lied mitzusingen und ihre Stimme auf Band zu hören, was natürlich allgemeine Heiterkeit hervorrief. Die Frauen stimmten ihre Lieder an, wann immer sie sich einem heiligen Ort näherten. Kumbrei berichtete mir, einige der Gesänge seien in einer Sprache verfasst, die weitaus älter sei als die ihre.

Wie bereits erwähnt, ist Jatara ein multidimensionaler Ort. Oftmals fühlt man sich an solchen Plätzen wie nicht zu dieser Welt gehörig. Zur Krönung gewährte uns die Natur ein berauschendes Schauspiel.

Der Vollmond trat zwischen dunklen Wolkenbergen hervor und verschwand wieder, gefolgt von einem Blitzflackern, das sich mit Donnergrollen abwechselte und die ganze Nacht andauerte. Einige wenige Regentropfen fielen und sagten uns, wir waren dort nicht auf unbestimmte Zeit gestrandet.

Werden die Erzählungen an diesen heiligen Orten dargeboten, sind sie wahrhaft kraftvoll und entfalten ihre Multidimensionalität, sodass sie nicht mit dem logischen Verstand begriffen werden können. Sie sind sowohl energetisch als auch episch und enthüllen ihre volle Bedeutung stufenweise. Sie bergen die Wahrheit im Mythos.

Ein weiter Weg liegt noch vor mir, bis ich einige vollständig verstanden haben werde. Doch vielen Menschen, die sich nicht mit den Erdenergien verbinden, bleiben sie vollkommen verschlossen.

Die Energie dieses Landstrichs und der Geschichten war so überwältigend, dass ich das Gefühl hatte, ich müsse eines Tages zurückkehren, um sie zu verarbeiten und in mein Wesen zu integrieren. Es bleibt zu hoffen, dass solche Weisheiten der Menschheit in ihrem grassierenden Materialismus nicht verloren gehen. Denn die Alten können ihre wichtige Rolle nicht erfüllen, die unabdingbar für Gesundheit und Wohlergehen ihres Volkes wie für unser aller Erde ist.

Obwohl ich den Wasserstellen, an denen wir haltgemacht hatten, starke Eindrücke verdanke, schien es mir am letzten Abend in Jatara, als sei ich noch nicht an jener gewesen, welche ich in meinen Visionen gesehen hatte. Diese bildete wie die anderen auch einen kleinen Teich in einem Felsen, der aber erhöht lag, wohingegen die Anderen wie eine Quelle in den Boden eingesenkt waren.

Da wir am nächsten Morgen aufbrechen wollten, fragte ich Daisy, ob es noch eine erhöht liegende Wasserstelle gäbe. Sie wies in Richtung des Gebietes der Männer und sagte, wir würden diese morgen auf dem Weg nach Hause besuchen. Als ich schließlich dort stand, sagte mein Gefühl mir sofort, dass es der Teich war, den ich gesehen hatte.

Meine Freundin und ich gingen hinüber zum Wasser, indes die anderen wie immer geduldig warteten. Im Wasserbecken schwamm Kameldung und Gras. Es sah nicht sehr rein aus, doch die Energie bestätigte das Sprichwort, das besagt, man könne ein Buch nicht nach seinem Umschlag beurteilen.

Ich legte mich nieder und ließ die neue Frequenz durch meinen Körper und in den Fels strömen, der das Becken bildete. Wenig später schwand die Energie und ich sang ein Lied, während ich mit den Händen etwas Wasser schöpfte und einige Tropfen auf mich fallen ließ, um eine physische Verbindung zu fühlen.

Danach stiegen wir wieder ins Auto und ich überlegte, was diese Medizin- und Gesetzesfrauen der Pitjantjatjaras über eine Weiße und ihr Verhalten auf jenem Land denken mochten, dem sie so nahe sind. Sie scheinen es einfach zu akzeptieren, ohne darüber nachzudenken. Das ist eine große Hilfe. Das Wissen läuft dem Denken zuwider. Daisy bat mich, in meinen eigenen Worten über Jatara zu schreiben. Auch wurde der Wunsch der Frauen an mich herangetragen, wieder nicht-indigene Frauen auf ihr Land zu ihren Zeremonien einzuladen. Das ist das Anliegen dieses Buches, wenngleich die bestehenden Gesetze noch viele Steine in den Weg legen.

36
Der freie Geist

Dies sind Berichte eines freien Geistes. Nehmen psychische Phänomene auch einen breiten Raum im Geflecht meiner Erlebnisse ein, habe ich als freier Geist doch nie den Drang verspürt oder einen Grund dafür gesehen, einer Doktrin zu folgen, noch mich einer Gruppe oder einem Glaubenssystem anzuschließen.

Die Worte, die ich empfange, sind spiritueller Herkunft. Im Streben nach vollkommenerem Ausdruck fließen Aspekte meiner selbst vom universellen Geist herab und durchströmen mein höheres Selbst. Dieses ist mein unsterblicher Geist, der gleich dem Adler überblickt, wohin er auf dem Weg seiner Entwicklung durch Raum und Zeit reisen muss, sei es auf Erden oder an anderen Orten.

Wegen gewisser ungewöhnlicher und schwieriger Aspekte meiner Situation und meines Werkes wurde mir dieser Überblick über mein gesamtes Leben gewährt, beginnend vor der Empfängnis bis zu seinem Ende, damit ich das sinnreiche Geflecht erkennen konnte und mich der Mut nicht verließ.

Es ist ein wundervolles Weben der Vereinigungen, das auf das Jahr 2012 zielt. Dann werden jedem, der es wünscht, alle Möglichkeiten gegeben sein, die volle Bedeutung des Wortes vom „Himmel auf Erden" zu verstehen und zu leben. Ich entschied mich, danach noch vier weitere Jahre bis 2016 zu leben, um mich der Früchte erfreuen zu können, ehe ich meine nächste Reise in andere Ebenen antrete.

Mir wurde gezeigt, wie ich diese Welt verlassen werde, und es hat glücklicherweise nichts mit Krankenhäusern zu tun. Wenn es soweit ist, werde ich an einen meiner Lieblingsplätze im Land gehen, mich dort niedersetzen und in tiefer Versenkung bewusst hinübergleiten. Eine faszinierende Vorstellung.

Die Barriere zwischen Aborigines und keltischen Völkern wurde durchbrochen. Nun erwarten wir die Entfaltung der nächsten Phase der großen Vision; dann werden wir uns wahrhaft entsinnen, weshalb wir hier sind.

37
Der Stein des Schicksals

Zu Hause in Alice Springs unterhielten Daisy und ich uns über die bevorstehenden Zeremonien, die an drei verschiedenen Orten, unter anderem in Jatara, abgehalten werden sollten. Sie bat mich, einige Freunde einzuladen, die daran zusammen mit den Frauen der Pitjantjatjaras teilnehmen konnten.

Daisy war davon überzeugt, dass sich Ureinwohner und Nicht-Indigene gegenseitig viel zu geben hätten, wenn sie zu solchen Anlässen zusammenkämen. Gemeinsam mit meiner Freundin Ulli, die nach unserer Reise nach Jatara ins heimische Sydney zurückgekehrt war, begannen wir, diese Idee umzusetzen. Ich rechnete mit etwa einem halben Dutzend Gästen. Umso größer war meine Überraschung, als die Zahl der Interessenten beständig zunahm.

Unterdessen bereitete ich alles für eine Reise nach Übersee vor. Es war an der Zeit, nach Schottland zurückzukehren, um mich weiter mit der Energie der Templer und des Steins des Schicksals zu verbinden. Wie üblich waren meine finanziellen Mittel unzureichend. Da empfing ich die E-Mail einer Freundin aus Großbritannien, in der sie mir erzählte, eine ihr seit einiger Zeit bekannte ältere Frau aus dem südenglischen Devon leide an einer mysteriösen Krankheit, welche sie von der Hüfte abwärts gelähmt habe.

Sie war bereits sechs Monate lang erfolglos und ohne klare Diagnose stationär behandelt worden und wollte nun nach Hause, wo Pflegepersonal sie ambulant betreuen würde. Doch brauchte sie jemanden, der bei ihr wohnen und etwas kochen würde.

Diese Frau war eine Künstlerin, die viele Jahre in Ägypten verbracht und eine starke spirituelle Verbindung zu diesem Land hatte, und sie bevorzugte jemanden, der an natürlichen und spirituellen

Heilmethoden interessiert war. Das angebotene Entgelt ermöglichte mir die Reise nach Großbritannien.

Während meines Aufenthalts bei dieser Frau wurde ich wie so oft von Menschen kontaktiert, die im Umland mit Erdenergien arbeiteten. Man erbat meine Begleitung, um ein altes Schloss und dessen Umgebung zu reinigen. Ich schaffte es auch, die Höhle Merlins und König Artus' Schloss bei Tintagel zu besichtigen. Während eines Besuches bei Hamish und Barb Miller, die in Cornwall leben und die Kunst des Rutengehens praktizieren, konnte ich mich mit den Ley-Linien Erzengel Michaels und Mutter Marias auf diesem Erdteil verbinden.

Danach reiste ich nordwärts nach Wiltshire, um dort einige Zeit mit meinem Freund Peter Fuller zu verbringen. Wir gingen ein Gebiet ab, in dem sich wiederholt Kornkreise gezeigt hatten, und suchten Silbury Hill sowie weitere sakrale Stätten dieser Region auf. In der Vorweihnachtszeit versammelte sich eine Gruppe in Peters Haus, um in einem der uralten Druidenbarras dieser Gegend die Wintersonnenwende zu feiern. Als ich gegenüber dieser Gruppe erwähnte, dass ich spürte, in naher Zukunft nach Bali zu reisen, berichtete mir einer der Anwesenden von einer friedlichen Insel namens Gili Meno.

Von Wiltshire aus reiste ich weiter nordwärts, um einen Freund wiederzusehen, den ich beim Light Summit in Jerusalem kennen gelernt hatte. Entsprechend der gesegneten Weihnachtszeit besuchte ich nebenher Glastonbury und weitere heilige Gebiete.

Obwohl ich schon früher mehrere Male in England gewesen war, wandte ich mich erstmalig intensiv dem englischen Land zu. Nach einem Aufenthalt in Bath begab ich mich noch weiter nordwärts, um erst meine Nichte in Wales und danach meine Schwester mit ihrem Mann in Yorkshire zu treffen.

Dort begann sich mir meine Reise nach Schottland zu enthüllen. Ich sagte meiner Schwester, ich würde gerne ein kleines Dorf namens Miegle besuchen, den Geburtsort unserer Großmutter mütterlicherseits, nach der ich benannt wurde. Obwohl ich sie nie getroffen habe, fühlte ich mich ihr in gewisser Weise stets sehr nah. Dabei erzählte mir meine Schwester, sie habe beim Ordnen von Familienunterlagen die Geburtsurkunde ebendieser Großmutter gefunden, die sie mir nun übergab.

Sie und ihr Mann meinten allerdings, in Miegle gäbe es nichts zu sehen - nur flaches Land mit einer Handvoll Landhäuser. Es war kaum ausgesprochen, da rief mich ein gleichgesinnter Geist an, der von mir und meinem Interesse am Stein des Schicksals gehört hatte und ein Treffen in Schottland vorschlug.

Er lebte in der Nähe von St. Andrews, Fife, wo ich einen Cousin besuchen wollte, und bot an, mir einige Steinkreise und ähnliche Plätze dieser Gegend zu zeigen. Auf seine Frage, wohin ich noch gerne gehen wollte, erwähnte ich Dunsinane Hill, da ich gehört hatte, der Stein sei zuletzt dort gesehen worden. Außerdem wollte er mit mir in ein kleines Dorf namens Miegle fahren. Ich begriff nun, dass es ein bedeutsamer Schritt sein würde, Kontakt mit diesem Flecken Land aufzunehmen.

Ferner wurde ich aufgerufen, den Palast von Scone und die Umgebung von Pitlochry im schottischen Hochland zu besuchen, und empfing den Rat, einige der Nachkommen der Templerfamilien aufzusuchen; vielleicht hüteten sie den Schlüssel, den ich brauchte. Mir wurde der Name einer Frau in den Highlands genannt, die sich für heilige Steine interessierte und gerne Besucher zu den uralten aufrechtstehenden Steinen führte, die sich auf ihrem weitläufigen Grund und Boden befanden.

Sie erzählte mir, sie kenne die jetzigen Eigentümer des Palastes von Scone und die Familien, von denen ich dachte, es könnte nützlich sein, sie zu besuchen. Wie sich herausstellte, waren sie die heutigen Hüter eines Großteils des Landes, das ich aufsuchen sollte. Schließlich lud sie mich in ihr Haus ein, das unweit von Pitlochry gelegen war.

Ich überquerte die Grenze nach Schottland, wo ich eine Weile bei meinem Cousin in St. Andrews verweilte. Von dort aus setzte sich meine Reise in die Welt der Tempelritter fort. Mein gleichgesinnter Geist holte mich ab und fuhr mich nach Miegle. Unterwegs erzählte er mir viel Neues hinsichtlich der Geschichte Miegles und des Steins des Schicksals. Der Ort sei nach „miel", dem französischen Wort für Honig benannt worden, weil das Innere des Davidssterns die Form einer Honigwabe hat.

Wenn man durch Miegle fährt, wird einem schwerlich etwas Besonderes auffallen. Mein Begleiter jedoch kannte sich in der Gegend aus und ging mit mir einen Feldweg entlang, der uns zum früheren Hauptsitz der Templer führte. In dem weitläufigen Anwesen fanden bis vor wenigen Jahren monatlich esoterische Zusammenkünfte statt.

Wir spazierten in der Umgebung des Schlosses und gelangten zu einer Lichtung abseits des Weges, die einen aufrecht stehenden Stein von großem Umfang beherbergte. Ich ging zu dem Stein und lehnte meinen Kopf dagegen. Es gab einen Lichtblitz, ich sah einen Kreis mit einem gleichseitigen Kreuz (ein piktisches Kreuz, wurde mir gesagt) und vernahm die Worte: „Willkommen zu Hause, Mädchen!", die mit deutlich schottischem Akzent gesprochen wurden.

Es konnten nur die Worte meiner Großmutter sein, und ich wusste, ich stand auf dem Land meiner Ahnen. Mein Begleiter hatte den Lichtblitz gesehen, als mein Kopf den Stein berührte, und fragte mich, ob ich ein Foto geschossen habe.

Danach beabsichtigte ich, die Kirche zu besuchen, in der meine Großmutter getauft worden war und später geheiratet hatte. Wir betraten den Friedhof des typisch schottischen Gotteshauses und sahen auf den meisten Grabsteinen das Zeichen des Schädels mit den gekreuzten Knochen, welches die Gräber von Tempelrittern und Freimaurern bezeichnet. Auf vielen las ich den Namen Stuart.

Unter einer der in Schottland häufigen uralten Eiben erhob sich ein grasbewachsener Hügel, den eine Messingtafel als das Grab von Guinevere, der Gemahlin König Artus', auswies. Etwas außerhalb von Miegle steht auch ein Obelisk, der als Artusstein bezeichnet wird. Dieses unscheinbare kleine Dorf ist in Geheimnisse gehüllt, die leicht übersehen werden können. Während dieser Zeit hatte ich mich mit den Energien dieses Teils der Welt, in dem man den Stein zuletzt gesehen hatte, verbunden.

Mein Gefährte berichtete, der Stein sei zuletzt vor nahezu zwei Jahrhunderten gesehen worden, als dieses Gebiet einer der wichtigsten Familien innerhalb des schottischen Zweiges der Tempelritter gehörte. Zwei Kinder spielten damals nach einem Sturm in den Hügeln und entdeckten eine Öffnung an der Seite des Hügels. Sie bildete den Eingang zu einer Höhle, in der sie einen sonderbaren Stein und einen metallenen Gegenstand vorfanden. Da sie sich auf Privatbesitz gewagt hatten, flohen sie, zweifellos unter Einfluss des Steins stehend, und verschwiegen ihre Entdeckung.

Jahre später, die beiden waren inzwischen etwa 18 Jahre alt, wurden sie neugierig und machten ihren Fund öffentlich. Damals berichtete die schottische Zeitung, Mitarbeiter des britischen Museums hätten das uralte Objekt als einen rechteckigen, in goldfarbenes Metall gefassten schwarzen Basaltstein beschrieben, der ägyptische Hieroglyphen trug und an jeder Seite eine kreisrunde Metallscheibe aufwies.

Da ich den Artikel selbst nicht gelesen habe, kann ich den Bericht nur in groben Zügen wiedergeben. Jedenfalls deckt sich die Beschreibung weitgehend mit dem Stein des Schicksals, wie ich ihn in meiner Vision sah, als ich zum ersten Mal gebeten wurde, mit ihm zu arbeiten.

Das Mysteriöse daran ist, dass, als die bewachte Kutsche, in welche man den Stein verladen hatte, im britischen Museum ankam, der Stein verschwunden war und seitdem nicht wiedergesehen wurde.

Auch suchten wir die nahegelegene Kirche auf, deren Priester zur Zeit der englischen Invasion im 13. Jh. den Stein verborgen haben soll. Zurück im Haus meines Cousins in St Andrews fühlte ich sofort den Drang, für die letzten drei Tage meines Besuchs in Großbritannien ein Auto zu mieten und nordwärts nach Pitlochry zu fahren.

Unterwegs machte ich einen Abstecher zum Palast von Scone und stand dort, wo die alten Könige aus dem Geschlecht der Stuarts ihrem Volk den Treueschwur geleistet hatten. Die Anwesenheit des Steins fühlte ich dort jedoch nicht. Ich verbrachte eine Nacht in Pitlochry, der Stein aber blieb verborgen.

Früh am nächsten Morgen begab ich mich auf die durch wilde, atemberaubende Natur verlaufende Highland Road nach Braemar. Die Straße führte durch rauhe Heidemoore und folgte einem rauschenden, von schneebedeckten Kiefern gesäumten Fluss. Da berührte wieder die Schönheit Schottlands mein Herz. Meine hiesige Kontaktperson war die heutige Hüterin weiter Teile dieses heiligen Landes und es war schön, zu sehen, dass die ersten beiden weißen Schwäne des Jahres auf dem Teich vor ihrem Wohnsitz landeten, als ich gerade vorüberfuhr.

Ein Nachbar, der eine starke Verbindung zu den Steinen und Energien in dieser Gegend pflegte, wurde zum Mittagessen und unserem darauffolgenden Spaziergang zu den stehenden Steinen auf ihrem Grundstück und der Umgebung eingeladen.

Nachts stimmten wir uns auf die Schwingung des Steins ein. Mir blieb nicht viel Zeit und bis jetzt konnte ich das Vorhaben meiner Reise nicht als erfüllt ansehen. Sie schlug vor, eine Zeichnung des Steins nach dem geistigen Bild anzufertigen, die uns helfen sollte, uns mit seiner Essenz zu verbinden.

Sofort spürte ich, dass ich eine bestimmte Frau anrufen sollte, deren Name mir unter vielen anderen mitgegeben worden war. Sie wohnte in Aberdeen, was zu weit entfernt war, um noch dorthin zu fahren. Trotzdem schien es dringend vonnöten zu sein, sie anzurufen. Diese Frau arbeitete mit Kristallschädeln, darunter drei uralte Stücke aus Übersee, die Informationen durch sie kanalisierten.

Wir waren sofort mitten im Gespräch. Sie sagte, das Ganze sei eine außergewöhnliche Koinzidenz, denn kurz zuvor war ihr gesagt worden, sie sollte mit dem Stein des Schicksals arbeiten, über den sie aber nur sehr wenig wusste. Sie meinte, der Stein befinde sich im Palast von Scone, doch ich versicherte ihr, dem sei nicht so.

Sie bat mich, kurz zu warten, da ihre alten Kristallschädel sie aus dem anderen Raum riefen und mit uns beiden sprechen wollten. Ich nehme an, sie wurden daraufhin nahe ans Telefon gestellt.

Zuerst begrüßten sie mich und sagten, ich sei gekommen, um mein schottisches Erbe zu beanspruchen, aber auch, um mit dem Stein des Schicksals zu arbeiten. Die Zeit für dieses Werk sei noch nicht reif, denn der Stein sei in den Äther genommen worden. Das erklärte sein Verschwinden aus dem Wagen des britischen Museums. Das mag manch einem mehr als weit hergeholt erscheinen, doch auf meinen Reisen hatte ich Gelegenheit genug, mich mit der De- und Rematerialisierung von Objekten vertraut zu machen.

Die Kristallschädel baten uns, seine Energie zu beschreiben, was mir durch die Zeichnung meiner Freundin leicht fiel. Ich sah ihn über und über mit einem weißlichen, klebrigen Gespinst bedeckt. Die Schädel erklärten, dies rühre von seinem Missbrauch durch eine Geheimgesellschaft her, welche mit ihm Initiationen vollzogen habe, bei denen ihre Mitglieder einen Eid leisteten, der sie befreien sollte, statt dessen ihre Geister aber an die Geheimgesellschaft und den Stein band.

Bei der Entfernung des Steins aus seiner Höhle achtete die geistige Welt darauf, ihn aus der materiellen Welt zu nehmen, bis die Zeit seiner Reinigung und Befreiung heran sei. Sie baten uns, mit der Reinigung zu beginnen und damit jene zu befreien, die sich nicht von seiner Energie lösen können, doch sollten wir mit einer langwierigen Arbeit rechnen. Ich würde später zurückkehren, um dieses Werk zu vollenden.

Der Stein sollte sich dann eines Tages wieder rematerialisieren. Ein wenig konnten wir den Stein bereits während unseres Telefonats reinigen, aber es war anstrengend und ging nur langsam vonstatten.

Früh am nächsten Morgen kletterte meine Gastgeberin mit mir zu einem ihrer Lieblingsplätze auf einem Hügel. Wir stimmten uns weiter auf den Stein ein. Schwere Wolken hingen am Himmel und nach unserer Meditation fühlten wir beide, dass es dem

Stein zwar nicht viel, aber doch ein wenig besser ging. Die Sonne begann zaghaft, am regnerischen Himmel hervorzuschauen.

Solche Zeichen in der Natur koinzidieren oft mit Energiearbeiten. Ja, es gab noch viel zu tun, ehe der Stein wieder seine kraftvolle, reine Essenz verströmen konnte.

Ich verließ die Highlands und Schottland in dem Wissen, in einigen Jahren zurückzukehren, um bei der Vollendung dieses Werks mitzuhelfen. Bei meiner Abreise aus Schottland besorgte ich mir eine Ausgabe des „Scottish Banner", um während des Fluges darin zu lesen. Das Titelbild zeigte ein Foto des Prinzen Michael of Albany, einem Anwärter des schottischen Thrones aus der Linie der Stuarts. In einem darin abgedruckten Artikel erklärte er, wenn es der Wille des Volkes sei, werde er binnen vier Jahre zum König von Schottland gekrönt.

Zuvor hatte ich irgendwo gelesen, dass, als Michael noch ein Kind gewesen war und in Belgien gelebt hatte, eines Tages ein Wesen in seinem Zimmer aufgetaucht war und gesagt hatte: „Michael wird zum König von Schottland gekrönt werden, wenn der Stein des Schicksals gefunden wird!" Ich weiß nicht mehr, wo ich das gelesen hatte, aber ich vertraue meinem Gedächtnis und meine, der Artikel liefere mir einen deutlichen Hinweis darauf, wann ich nach Schottland zurückkehren werden müsse.

38
Die Wüstenschwestern

Der erste Teil dieses Buches war inzwischen in Druck gegangen, die ersten Exemplare hatten Freunde in Großbritannien erreicht, und es wurde begeistert aufgenommen. Als ich zurück nach Sydney flog, traf ich als erste meine Freundin Ulli wieder, mit der ich die Reisen nach Israel und Jatara unternommen hatte. Ganz unerwartet hatte sie bereits ein Treffen diverser Bekannter in ihrem Haus organisiert, damit ich über mein Buch und unsere Wüstenreisen sprechen konnte.

Damals hofften wir, an den Zeremonien teilnehmen zu können, von denen Daisy in der Wüste gesprochen hatte. Auch die meisten der versammelten Bekannten wollten diese seltene Möglichkeit gerne nutzen. Erfahrungsgemäß ist es ein Kraftakt, solche Dinge mit den Ureinwohnern Australiens zu organisieren, vor allem wenn dabei Weiße hochheilige Stätten betreten sollen. Darauf wiesen wir die Anwesenden vorsorglich hin.

Später in Alice Springs sprach ich sofort noch einmal mit der Ältesten über das definitive Datum der Zeremonien. Ich hielt Kontakt mit Ulli in Sydney und begann, Transportmöglichkeiten, Zeltausrüstung usw. zu besorgen. Unsere E-Mail-Liste mit Menschen, die teilnehmen wollten, wurde immer länger.

Als ich Daisy erzählte, ich sei ein wenig besorgt, weil aus den von mir vermuteten fünf oder sechs Leuten zwanzig geworden waren, meinte sie, wir würden einen Bus für vierzig Personen brauchen. Ich leitete das in die Wege, wenngleich ich starke Zweifel hegte, dass alles glatt laufen und wir bei diesen alten Zeremonien zugegen sein würden. Schließlich stellte das eine völlig neue Art von Frauentreffen dar. Aber Daisy versicherte, es sei alles in Ordnung.

Insgesamt kamen etwa fünfunddreißig weiße und fünf indigene Frauen zusammen, was Daisys Prognose bestätigte. Der Bus samt Koch- und Zeltausrüstung stand bereit. Ich ließ mir beständig von Daisy versichern, dass sie an diesem Tag anwesend sein würde und die Zeremonien wirklich stattfinden sollten.

Meiner Erfahrung nach hilft Planung nicht viel, wenn es um Zeremonien geht, denn dabei spielen viele Dinge eine Rolle. Angefangen beim Wetter über Unfälle und Trauerdienste bis zu gesundheitlichen Problemen und vielen anderen Faktoren, die sich im Verlauf unserer Unternehmung auch alle prompt einstellten.

Womit bei der Planung gemeinsamer spiritueller Veranstaltungen indigener und nicht-indigener Frauen ebenfalls gerechnet werden muss, sind Uneinigkeiten darüber, wie diese Dinge ablaufen sollen, und ob es erlaubt wird, sie überhaupt ablaufen zu lassen. Wie spirituelle Menschen wissen, hängt es davon ab, ob etwas Geplantes auch stattfinden soll – lässt es sich nicht verwirklichen, wird zunächst Dringenderes erledigt.

Bis wenige Tage vor der Zusammenkunft der Gäste, die aus allen Gegenden Australiens und sogar aus Übersee anreisten, kümmerte sich Daisy um die Vorbereitungen und stand in Kontakt mit mir. Der Zeitpunkt für die Zeremonien war gut gewählt, nur die Örtlichkeit wurde mehrmals geändert, was mir seltsam vorkam. Der ursprünglich vorgesehene Ort fiel weg, weil die Wüstenpisten zu ihm ausgewaschen worden waren.

Am nächsten möglichen Ort ereignete sich ein tödlicher Unfall und die anschließenden Trauerzeremonien ließen alles andere stillstehen. Dann erkrankte Daisy, musste behandelt werden und das zuständige Krankenhaus ließ sich nicht ausfindig machen.

Die Zeremonien wurden abermals verlegt, eine Teilnahmeerlaubnis war uns aber bereits zugestellt worden. Ohne Daisy schien es mir unangemessen, an diesen alten Zeremonien mit so vielen Außenstehenden teilzunehmen. Überdies gelang es mir weiterhin nicht, Kontakt mit ihr aufzunehmen.

Wie sich herausstellte, diskutierte man hinter vorgehaltener Hand, wie man mit der Situation umgehen und ob man nicht alles absagen sollte, zumal auch die Wüstenfrauen es nicht für passend hielten, so viele Personen teilnehmen zu lassen. Schließlich teilte uns der Central Lands Council mit, unsere Erlaubnis sei zurückgezogen worden. Dann aber äußerten dieselben Aboriginefrauen mir gegenüber den Wunsch, viele weiße Frauen zu den Zeremonien 2005 am Uluru einzuladen, und dieses Projekt verlief weitaus reibungsloser. Die langwierigen Beratungen mussten ihren vorgeschriebenen Gang nehmen, bevor alle Beteiligten einwilligten.

Ich war sehr erleichtert und dankbar, dass es sich um eine wirklich spirituelle Gruppe handelte, die enttäuscht gewesen sein mochte, sich aber dann doch nach Alternativen umsah. Als ich mich später mit der Ältesten besprach, die diese Zeremonien organisierte, sagte sie, es habe nur an der großen Zahl der Gäste gelegen, und ich äußerte mein Verständnis und meine Zustimmung.

Damals erstaunte mich die Energie der Frauen, die sich dort trafen. Wir saßen im Kreis und stellten uns vor, wobei sich uns etwas schüchtern auch einige Verwandte und Freunde Daisys anschlossen, welche alle über die Abwesenheit Daisys besorgt waren. Unerklärlicherweise war es bis zum Ende der Reise unserer Gruppe niemandem gelungen, sie ausfindig zu machen, was bedeutete, dass die üblichen Beratungen fortgesetzt wurden.

Wenig später traten die unterschiedlichen Ansichten klar zutage, etwa bei der Frage, wem wieviel gezahlt werden sollte. Meine Freundin Daisy wollte lediglich einen schwarzen Rock und Malfarben haben. Sie schien einer wirklichen Vision zu folgen.

Die Tage vergingen, aber Daisy blieb unauffindbar. Aber wir hatten immerhin das Fahrzeug, Swags, Kochgerät und die Heiligkeit der Wüste um Alice Springs. Sicherlich hätten sich viele Menschen maßlos darüber aufregen können, Geld und Zeit für eine Unternehmung aufgewendet zu haben, die so nie stattfand.

Dies war jedoch eine außergewöhnliche Gruppe von Frauen, und alle erlebten wir eine intensive und kraftvolle Woche. Mir

schien, jede der Frauen trage einen Aspekt des Göttlich-Weib-
lichen in sich, das in der Erde verankert wurde, während wir sangen, meditierten, tanzten, auf ihr wanderten, schliefen und in ihren
herrlichen Wasserstellen in der Wüste schwammen.

Einige öffneten sich dort ihrer Verbindung mit dem Land und
kehrten auf ihren Reisen dorthin zurück, und die meisten, wenn
nicht alle, hatten kraftvolle Erlebnisse während ihres Aufenthalts.

Ein oder zwei Tage vor Abreise der Gruppe kam Daisy in Alice
Springs an. Unsere Anwesenheit hatte für einige Meinungsver-
schiedenheiten gesorgt. Daisy jedoch blieb von all dem gänzlich
unbeeindruckt. Wir hatten viele Male versucht, Unterstützung für
sie zu bekommen, damit sie in Jatara bleiben und die Zeremonien
in diesem mächtigen und heilkräftigen Gebiet der Frauen wieder
stattfinden lassen könne, jedoch ohne Erfolg. Der Mangel an Koo-
peration, wie er sich im Umfeld heiliger Dinge mitunter einstellt,
war uns aber wohlbekannt.

Als alle wieder nach Hause aufbrachen, nannten wir uns bereits
die Wüstenschwestern. Eine von ihnen, eine liebe Freundin, starb
kurz nach unserer Reise bei mir zu Hause. Sie hatte schon lange
davon geträumt, Bali zu besuchen, und hinterließ mir ihr Hab und
Gut, einschließlich der Namen und Adressen von Freunden in
Bali sowie Karten der Insel. Nach ihrer Krankheit und ihrem Tod
musste ich einfach heraus aus dieser Umgebung, um meinen Kopf
wieder frei zu bekommen, und spürte, dass ich nach Bali gehen
sollte.

39
Indonesien

Vier Monate nach dem Tod meiner Freundin buchte ich den Flug nach Indonesien. In meinen Visionen hatte sich ein Drache gezeigt, der um eine Insel gerollt lag und mit seinem Körper einen Berg umfing. Sein Kopf ruhte auf dem Gipfel und er blickte gen Himmel, während er durch sein geöffnetes Maul das Wort „Frieden" atmete. Ich war dabei, die muslimische Welt zu betreten.

Wieder galt es, fundamentale Schranken zu überwinden, diesmal zwischen Christen, Juden und Muslimen, worin ich eine Fortsetzung meines Werks in Israel sah.

Wie ich bald herausfand, handelte es sich bei der Insel um Gili Meno, von der ich zuerst in England gehört hatte. Später hatte mir eine Freundin in Alice Springs, die eine schöne, friedvolle Zeit dort verbracht hatte, von ihr erzählt. Ohne jegliche Kenntnisse über Indonesien landete ich in Denpasar auf Bali, und mietete mich in einem Losman nahe dem Flughafen ein.

Am darauffolgenden Morgen bemerkte ich Aushänge, die für eine Fahrt nach Gili Meno warben. Zuerst wurde man meilenweit mit einem Bus zur Fähre chauffiert. Die Fähre selbst war uralt, weshalb nicht nur ich vier Stunden später aufatmete, als wir in Lombok an Land gingen. Dort setzten wir unsere Reise nach einer beträchtlichen Wartezeit in einem Kleinbus fort, mit dem wir die Jungle Mountain Road entlangfuhren. Unterwegs sahen wir immer wieder Affenhorden an der Straße. Schließlich setzte man uns in der Nähe des Anlegeplatzes eines kleinen Bootes ab, das uns zu den Gilis übersetzen sollte.

Nach einer kurzen Fahrt in einem Pferdegespann kamen wir am Hafen an und warteten... und warteten. Schließlich hieß es, heute fahre kein Boot nach Gili Meno und ich sollte das nach Gili Trawangan nehmen. Am nächsten Tag könnte ich dann nach Gili Meno weiterfahren. Die hohe Luftfeuchtigkeit und die lange Reise ermüdeten mich. Dazu war die folgende Bootsfahrt unangenehm. Es hatte stark zu regnen begonnen. Wir waren alle völlig durchnässt, ebenso unser Gepäck. Auf dem Weg nach Trawangan kamen wir an Gili Meno vorbei und ich fragte mich, ob der heilige Berg, mit dem ich arbeiten sollte, im Nebel und Regen wohl zu sehen sei. Meine Frage wurde schnell beantwortet: Ich sah seine in Regenbogenfarben gehüllte Silhouette.

Auf der friedlichen Insel Trawangan konnte ich jeden Tag am Strand sitzen und nach Gili Meno mit dem Mount Rinjani hinüberblicken. Jeden Morgen ging die Sonne hinter dem Berg auf und ließ ihre Strahlen über das Wasser zu mir gleiten. Bald begann ich, mich mit dem Land zu verbinden, das ich besuchte, und einige Tage später brachte mich ein kleines Boot nach Gili Meno. Ohne jemandem zu begegnen, wanderte ich langsam um die Insel herum und verband mich mit der Erde. Es war eine ungemein friedvolle Atmosphäre, in welcher die Zeit stillstand.

Bei meiner Rückkehr nach Trawangan traf ich am Strand einen der dortigen Bewohner und sprach mit ihm über die anstehende große muslimische Feierlichkeit auf Lombok, der nächstgelegenen größeren Insel Indonesiens. Er lud mich zu sich und seiner Familie in ein kleines Dorf ein, um mit ihnen an den Zeremonien teilzunehmen. Danach wollten wir zum Mount Rinjani gehen.

Ich verbrachte zehn Tage bei dieser Familie und wurde in die Musik und Kultur der Sasak eingeführt. Die meisten der Familienmitglieder sprachen kein Englisch. Wir mussten also andere Kommunikationsmöglichkeiten finden, die mitunter zu einem wirklich tiefen Austausch führten.

Die Gretchenfrage, ob ich eine Christin sei, wurde in Lombok einige Male gestellt, und meine Antwort, ich sei ein spiritueller Mensch, schien sie zu befriedigen, wenngleich sie in ihrer Interpretation des Wortes sogar auf das zurückkamen, was sie in alter Zeit damit verbunden hatten.

Anscheinend hatten einige Jahre zuvor Muslime gegen Christen gekämpft und Kirchen abgebrannt. Man hat den Eindruck, dass es unter der Oberfläche nicht so ruhig sei, wie man zunächst vermutet. Meine Zeit mit dieser Familie verlief jedoch sehr harmonisch und ich fühlte mich sehr wohl bei ihnen. Während der großen Zeremonie, die mehrere Tage andauerte, war ich die einzige Person, die man für eine Christin halten konnte, aber niemand hatte ein Problem damit. Vielmehr waren die Menschen alle sehr freundlich.

Wir mieteten einen Kleinbus und fuhren mit der ganzen Familie samt Gitarren und Proviant zum Mount Rinjani, dem heiligen Berg von Lombok. Dort verbrachten wir den ganzen Tag, während dem ich mich alleine am Wasserfall aufhielt und spürte, wie sich die Energie im Inneren des Berges erhob. Da fühlte ich, wie Tränen über mein Gesicht rannen. Wie so oft, goss es dann für den Rest des Nachmittags wie aus Kannen.

Ich fuhr nach Trawangan zurück, um mich etwas auszuruhen und meine Taschen für den Rückflug nach Australien zu packen. Zunächst suchte ich aber noch einen Freund auf Lombok auf, den ich bei meinem vorigen Besuch dieser Insel kennen gelernt hatte, und fünf Monate später wurde er mein Mann.

Voraussichtlich werde ich den nächsten Teil meiner Reise zwischen dem zentralaustralischen Alice Springs und Lombok zubringen und dann Schottland und Israel wiedersehen. Es ist etwas anmaßend, es zu diesem Zeitpunkt und an diesem Ort zu erwähnen, aber mir wurde gezeigt, dass der schwarze Stein in Mekka, der schottische, derzeit im Äther verwahrte Stein des Schicksals und ein Stein unter dem alten Tempel in Jerusalem, die für Muslime, Christen und Juden stehen, aus ein und demselben schwarzen Felsen in Ägypten geschnitten wurden und eines Tages vereinigt werden sollen... Doch das obliegt der Zukunft.

Zurück in Alice Springs unterhielt ich mich jeden Tag via E-Mail mit meinem Freund auf Trawangan, bis ich zu einem Urlaub nach Lombok zurückkehrte. Dort beantragten wir für ihn ein Besuchervisum, damit er für drei Monate nach Australien kommen konnte. Das war alles andere als ein leichtes Unterfangen und wurde von den Behörden mit großem Misstrauen bedacht. Zu guter Letzt durfte er aber doch einreisen und wir heirateten in Alice Springs.

Nun beantragten wir für ihn ein weiteres Visum, um ihm zu ermöglichen, in Australien zu leben und zu arbeiten. Während wir auf das Visum warteten, kehrte ich nach Lombok zurück, um eine Weile in unserem dortigen Haus zu verbringen. Drei Monate später musste ich jedoch wegen hohen Fiebers zurückkehren. Außerdem rief die Wüste nach mir.

40
Die Zeremonien der Wüstenschwestern

Mit Daisy führte ich von Alice Springs aus die letzten Vorbereitungen für die Zeremonien durch, die in Yulara zu Füßen des Uluru stattfinden sollten. Abermals hatte sie mich gebeten, Freunde einzuladen. Ulli übernahm wieder den koordinatorischen Part, schrieb unseren Bekannten E-Mails und versammelte sie schließlich.

Unterdessen hatte ich die Kosten geplant und Transport, Verpflegung, Swags usw. organisiert. Da eröffnete mir die Rechtsabteilung der zentralaustralischen Verwaltung, dass der von Daisy für die Zeremonien vorgesehene Ort keineswegs auf Aborigineland lag, wie wir annahmen, sondern sich im Gebiet des Yulara Tourist Resort befand. Das bedeutete, die öffentlichen Stellen hatten damit nichts zu tun und leisteten keine finanzielle oder organisatorische Hilfe.

Damit begannen die heiklen Verhandlungen mit der Leitung des Tourismusgebietes über Nutzung ihres Landes für unser Treffen, zumal es noch keinen vergleichbaren Fall gegeben hatte. Die Leitung machte ihre Zustimmung von einigen Auflagen abhängig und hatte sich natürlich auch der Einwilligung der traditionellen Eigentümer von Mutitjulu zu versichern. Auch mit diesen gelang kein sofortiges Einvernehmen.

Erst musste ich Daisy ins fünfhundert Kilometer entfernte Mutitjulu fahren, damit sie mit den dortigen Frauen unser Vorhaben diskutieren konnte – einschließlich der Tatsache, dass inzwischen etwa fünfundsiebzig nicht-indigene Frauen angemeldet waren. Wir besichtigten den Ort mit dem Umweltbeauftragten, um zu zeigen, dass wir genau wussten, was wo stattfinden würde. Ferner musste ich einen Wassertank und Toiletten aufstellen lassen, die erst einmal aus Alice Springs dorthin gebracht und wieder abgeholt werden mussten. Auch war es nötig, das Gelände zu reinigen, auf dem die Zeremonien stattfinden sollten. Endlich war jedoch alles in die Wege geleitet und auch die Kosten bewegten sich noch im geplanten Rahmen.

Es wurde eine ungemein erlebnisreiche Woche, in der wir die Zeremonien abhielten. Wir lernten enorm viel voneinander und teilten so vieles. Es ist von großer Wichtigkeit, dass alles, was mit den Zeremonien selber zusammenhängt, nicht öffentlich gemacht, sondern im Herzen bewahrt wird. Mitteilen möchte ich jedoch einen Teil der Vision, die ich zu Beginn meiner Reise empfing.

Zwischen den Gesetzes- und Medizinfrauen der Pitjantjatjaras und mir entwickelte sich im Laufe der Jahre ein enger Kontakt. Sie sind mutige, starke Anführerinnen, die zweifellos zu jeder Zeit wussten, was auf ihrem Land geschehen sollte. Zusammen schaffen wir nach und nach die nötigen politischen, spirituellen und emotionalen Bedingungen – wobei ich mitunter etwas ungeduldig bin.

Nicht-indigene Frauen sollten langsam und sorgfältig tiefer in die Heiligkeit und Stärke ihrer Kultur und ihres Landes eingeführt werden, bis wir über Jatara hinausgehen könnten. Eine an mich gerichtete geistige Botschaft besagte:

Eines Tages werden uns viele Freunde ohne übersteigertes Ego besuchen und ihre Gaben mit uns teilen. Diese Gaben werden sich zu einer höheren Ausdrucksform entwickeln. Viele Menschen aus aller Welt werden hierher kommen und das heilige und heilende Wasser dieses Landes trinken. Das Bewusstsein wird einen machtvollen Schub erfahren und die Menschheit wird geheilt. Wir haben diesen Prozess in Bewegung gesetzt.

Mein Buch ist nicht als Beitrag zur Hochliteratur gedacht. Ich bin keine professionelle Autorin. In diesen Geschichten aber liegen die Schlüssel zu uralten Erinnerungen ihrer Leser verborgen. Diese Erinnerungen soll das Buch wecken, darin besteht sein Zweck.

WOMEN's GATHERING

A special cultural experience for all women to share

Where:

Held in Central Australia

near Uluru (Ayer's Rock)
on traditional Aboriginal land
with custodians of that area.

Why:

* To assist Non-Aboriginal women in gaining cultural awareness.
*To achieve positive learning experiences from

traditional Aboriginal women.

* To create closer bonds between Aboriginal and
non Aboriginal women .

*To share our culture and traditional customs.

Who:

Facilitated by Aboriginal women elders.

When:

Twice a year Mar/Apr and Aug/Sept
For more information

contact

Anne Saunders
geomythical@yahoo.com.au
www.desertwomensceremonies.com
or the publisher for german advice.

Araki Verlag
Postfach 211163, 04112 Leipzig

We look forward to your response.

Gesellschaft für Integrale Ökologie und Sozialforschung

„Mitwelt" kennzeichnet das neue Bewußtsein für den Planeten als sich selbst regulierendem Gesamtorganismus. Daraus folgt eine ganzheitliche Umsetzung dieser Integralen Ökologie. Sie löst im bereits angebrochenen **Zeitalter des Bewußtseins** die Aufklärung des 18.Jh ab. Technokratie und materialistisches Denken waren deren Hauptfolgen und sind für die heutigen Krisen verantwortlich.

So wie Freud die Psychologie durchsetzte, gibt es viele wissenschaftlich basierte Disziplinen, die an den Lehrstuhl gehören, weil sie keinem Mystizismus entspringen, sondern der **Naturbeobachtung**. Dazu zählen u.a: Analytische Astrologie, Psychosomatik, Homöopathie.

Im geplanten **Institut für Integrale Ökologie und Sozialforschung** soll an diesem Weg und am Nachlass der Ideengeberin **Leni Rüegg** (1910 - 2006) gearbeitet werden. Die Schauspielerin, eine der ersten Journalistinnen der Schweiz und Lebenskünstlerin hatte sich der Völkerverständigung und der sozialen Gerechtigkeit verschrieben.

Die australischen Aborigines als älteste Ethnie und Zivilisation sind besonders geeignet, uns urbanen Menschen im Norden zu lehren, was verloren ging. Dafür engagieren wir uns für deren Überlebenschancen. So wurde der Stamm der Nyungah vor wenigen Jahren von einer Zementfabrik enteignet, die inzwischen einer deutschen Firma gehört. Chancen „von außen" einzugreifen. . .

Interessenten sind willkommen:
www.integralecology.eu
Gesellschaft für Integrale Ökologie und Sozialforschung
Postfach 211163, **04112 Leipzig**. info@integralecology.eu

Auf der Suche nach den letzten Wüstenwanderern

„Die letzten Nomaden"

Die Liebes- und Lebensgeschichte zweier Aboriginals, die 30 Jahre lang durch die weite Wüste zogen. Sie wanderten dieselben Wege auf und ab, über die ihr Volk viele Jahrhunderte lang gezogen war, immer auf der Suche nach einer Lagerstätte, nach Wasser und Nahrung.

Es ist eine einsame Geschichte voller Entbehrungen und gleichzeitig voller Lebenssinn, denn für die beiden Nomaden ist ihr Land der Sinn des Lebens. Mudjon und der Flying Doctor John Peasley suchten die Nomaden. Sie waren die letzten ihres Stammes, vermutlich auch ganz Australiens, die permanent im Outback lebten.

Das Buch wurde in Australien mehrfach aufgelegt. Der Dokumentarfilm erhielt eine Goldmedaille beim New York Film-Festival.

William J. Peasley
200 Seiten, Paperback

ISBN 978-3-936149-38-8

ARAKI Verlag
Belletristik, Geist, Psyche und Gesellschaft

Buch Abramelin

Die Lehre des Abramelin ist ein bis heute unübertroffenes System der magischen Selbsteinweihung. Das große Thema: Kontaktaufnahme mit dem persönlichen Schutzengel. Beherrschen der Dienstgeister und Dämonen. Magische Quadrate. Das Unterscheiden zwischen Gut Böse, die Entwicklung eines zielgerichteten Willensimpulses.

416 Seiten, Leinen, ISBN 978-3-936149-00-5

Mirabai, Amanecer

Mit dieser CD hat die deutsch-mexikanische Band ihren Erfolg aufgebaut Musikalische Elemente des spanischen und keltischen treffen aufeinander. Traditionelle indianisvhe Songs werden vorgestellt. Ein bezauberndes Erlebnis zum Träumen und Entspannen.

CD, 49 Minuten, ISBN 978-3-936149-77-7

Integrale Psychotherapie

Das Lehr- und Handbuch zum Verständnis und der richtigen Anwendung aller gängigen therapeutischen Methoden. Gleichzeitig wird hier Ken Wilbers Philosophie sehr intelligent zusammengefaßt und als psychologisches Modell vorgestellt.

404 Seiten, Paperback, ISBN 978-3-936149-54-8

Der Seifenhändler

Halldor reist durch die Lande, um seine Produkte und Erfindungen zu vermarkten. Der kleine Eric ist sein Gefährte, die Kämpferinnen Tura und Marilena begleiten und schützen sie auf ihren Abenteuern in einer mittelalterlich anmutenden Welt.

532 Seiten, Paperback ISBN 978-3-936149-90-8

Öko-Logik

Philosophisch und mit dem ständigen Bezug zur gesellschaftlichen Realität wird das ganzheitliche Bild einer Welt als Organismus entwickelt. Die Verantwortung des Menschen beginnt bei seiner Selbstwahrnehmung. Natur, Gesellschaft, Kultur und Grundwerte sind eine klar strukturierte, interaktive Einheit. Heinrics Vorschläge zur Behebung und Vermeidung von Problemen und Krisen sind bahnbrechend.

406 Seiten, Paperback, ISBN 978-3-936149-311-0

ARAKI Verlag

Der Name des Verlages leitet sich von einem kleinen Dorf in Ägypten her. Dort lebte einst der Weise Abramelin. Viele seiner Aussagen sind auch nach 600 Jahren noch gültig. Er läßt sich in keiner Philosophie oder Religion einordnen. Diese Haltung als Vorbild, möchten wir mit unseren Büchern einen Beitrag leisten zu einer zukunftsorientierten Gesellschaftsentwicklung, zur Selbsterkenntnis des Einzelnen und zum Bewußtsein der Menschheit als eines Teils des großen Organismus unserer Heimat, der Erde.

www.araki.de

info@araki.de